I0430946

CÓMO NEGOCIAR CON TUS HIJOS

CÉSAR NÚÑEZ

MANUAL PARA EDUCAR HIJOS MILLONARIOS Y EXITOSOS

Copyright © 2022 César Augusto Núñez Ramírez

Todos los derechos reservados.

ISBN: 9798360487388

DEDICATORIA

Este libro está hecho en familia y dedicado a todos los padres de familia que desean ver a sus hijos conquistar sus metas financieras, personales y especialmente a los niños que deseen aprender a conseguir sus propósitos de formas diferentes.

Agradecemos a todos los padres de familia por creer en nuestro método de aprendizaje que nos ha dado resultados evidentes y tangibles. De igual manera creemos que este libro tiene un propósito superior y específico que busca que todo aquel que lo lea desarrolle su propio plan, para que usted como padre o sus hijos construyan una vida feliz y prospera, libre de miedos, con la mentalidad positiva de siempre estar mejor y en armonía con los demás.

CONTENIDO

	Agradecimientos	i
1	CÓMO EMPEZÓ TODO	1
2	BUSCA LAS MOTIVACIONES DE TUS HIJOS	N.° 5.
3	EL CUBO RUBIK	N.° 8.
4	MI PRIMER CONTRATO	N.°10.
5	ENSEÑA A TU HIJO A PENSAR DIFERENTE	N.°16.
6	NO EDUQUES A TU HIJO PARA SER UN EMPLEADO	N.°20.
7	IDEAS DE NEGOCIOS PARA TUS HIJOS	N.°24.
8	CREA TU PROPIA MONEDA FAMILIAR	N.°27.
9	EN EL COLEGIO Y LA UNIVERSIDAD NO ENSEÑAN A MANEJAR EL DINERO	N.°31.
10	QUE BLOQUEOS TENEMOS LOS PADRES QUE NO DEBEMOS PASAR A LOS HIJOS	N.°38.

11	CÓMO EMPEZAR A INVERTIR CON NUESTROS HIJOS.	N.º41.
12	ENSEÑA A TU HIJO A VENDER	N.º46.
13	LA MEJOR INVERSIÓN "EL INTERÉS COMPUESTO"	N.º49.
14	CÓMO INVERTIR SIN DINERO	N.º52.
15	PROPÓSITO DE VIDA	N.º56.
16	SER YOUTUBER NO ES LA SOLUCIÓN. "PERO"	N.º62.
17	INVENTARIO DE TIEMPO	N.º66.
18	DEDICA TIEMPO DE CALIDAD A TUS HIJOS	N.º79.
19	DESINTOXICACIÓN DIGITAL	N.º83.
20	ADOLESCENCIA	N.º88.
21	RESULTADOS	N.º94.
22	ESCUCHA A TUS HIJOS PARA QUE ELLOS TE ESCUCHEN A TI	N.º103.
21	ACERCA DEL AUTOR	N.º105.

AGRADECIMIENTOS

Un agradecimiento especial a mis hijos Matías, Emanuella,
Sarita y mi esposa Alexandra. Ya que sin su apoyo este libro
no tendría el sentido que le hemos dado.

También debo agradecer a mis padres, Miguel y Consuelo por
su educación y enseñanzas, igualmente a mis hermanos Carol,
Carlos, Yuly y Diana.

1 CÓMO EMPEZÓ TODO

Cuando te enteras por primera vez que vas a ser padre o madre, quizás sea el momento en que probablemente más emociones puedes tener en tu vida. Tendrás miedo, o por el contrario estarás feliz, unos llorarán de alegría y otros de asombro, en fin; son muchas las emociones que pueden pasar por tu cabeza. Pero de lo que estamos seguros es que ese día comienza toda una nueva aventura.

Después de esta "bomba" de noticia empiezas a buscar el mejor nombre posible que se ajuste a todos esos sueños y esperanzas que estás depositando en esta nueva vida. ¡Quiero que se llame Isabel! como la Reina, o quizás, Cristiano como el futbolista. Y al final después de muchas conversaciones y desacuerdos le pones a tu hijo el mejor nombre, con el que brillará toda su vida. Para nosotros fue Matías.

Matías es un niño inteligente, extrovertido, bailarín en potencia y un excelente estudiante. Lo hemos visto aprender las cosas esenciales en el colegio y estamos muy orgullosos por sus innumerables éxitos académicos y como va formando su personalidad. Pero siempre está la misma pregunta ¿Mi hijo será un hombre exitoso? Aún es muy pronto para saberlo. Pero de lo que sí estamos seguros es que estamos trabajando para hacer lo mejor como padres y que él tenga todas las herramientas necesarias para que lo sea.

Volviendo a nuestra historia, cuando somos padres o madres de hijos pequeños queremos lo mejor para ellos y buscamos darles todo lo que tenemos; nuestro cariño, nuestro amor y compañía, además de todas las cosas materiales que puedan necesitar. En ocasiones algunos compensarán una con otra y viceversa, pero al fin después de mucho tiempo llega ese día, ese famoso día en que ellos crecen y te dicen Papá, Mamá cómprame ese juguete. ¡YO QUIERO ESO! Luego ves sus ojitos y solo te lanzas a comprarlo, no veras ningún problema con hacerlo. Después de unos años esta misma frase se repetirá una y mil veces en todo momento y en todo lugar.

Educar a los hijos en tiempos donde todo gira en torno a lo digital, la tecnología, los video juegos, la tablets, celulares, Tiktok, Youtube, Instagram, es muy complejo y nadie nos

CÓMO NEGOCIAR CON TUS HIJOS

enseñó a ser padres en esta época, hemos improvisado mucho. Pero como nos ha mostrado la historia, evolucionamos y nos adaptamos rápidamente para seguir adelante.

Cuando Matías tenía 5 años hizo una carta de navidad en donde pedía de regalo una mascota, específicamente un perrito, al que llamamos Frodo. Es una de las decisiones que más pensamos los padres al ver que esa mascota en teoría no será una responsabilidad de tu hijo sino tuya y esto acarrea darles de comer, llevarlos al parque a hacer sus necesidades si es que no las hizo en tu casa, llevarlo a la veterinaria, bañarlo y demás responsabilidades, en fin. Luego de un par de años, de varios entrenamientos y de mucho meditarlo hemos tomado la decisión de que Matías llevara a Frodo al parque que queda dentro de nuestra unidad residencial, un lugar seguro y a la vista de nosotros en donde seguimos segundo a segundo esa primera experiencia la cual resultó todo un éxito. Pero, ¿qué ha pasado aquí? en realidad no es nada extraordinario, es solo un niño sacando a su mascota, pero nosotros vimos la primera muestra de responsabilidad de nuestro hijo y que de ahí en adelante no podía perder ese camino.

Pero ¿cómo podemos vincular esta experiencia con el cambio de mentalidad de nuestros hijos para buscar una forma diferente de pensar sobre el futuro y las finanzas personales? ¿Cómo evitar que nuestros hijos caigan en el ciclo de, estudia mucho, sé el mejor y busca un empleo? ¿Por qué afanarnos sobre el futuro económico de mis hijos si aún son muy pequeños? ¿Para qué les enseñamos a nuestros hijos que es el dinero, como se consigue y cómo funciona si ellos no lo manejan aún? ¿Puedo enseñarle a mi hijo a negociar? ¿Cómo pueden nuestros hijos comprar cosas sin dinero? Estas y otras preguntas más son la que nos planteamos antes de escribir este libro y de qué forma podemos educarlos y responderlas de acuerdo a nuestro proceso.

2 BUSCA LAS MOTIVACIONES DE TUS HIJOS

Hace algunos años nuestros padres cuando eran niños tenían objetivos menos ambiciosos, sus motivaciones eran quizá una bicicleta, un balón, una muñeca o talvez algo más loable como ser un médico o una profesora y esto en teoría era algo normal para esta época. Luego llegó nuestro turno y pensábamos que jugar en el parque era lo máximo, tener una de las primeras consolas de video juegos era un lujo que pocos podían tener, ser un futbolista famoso o una modelo estaban dentro de nuestros sueños y que estudiar en una universidad no era algo lejano.

Ahora la situación es un poco diferente. Nuestros niños pasan más tiempo en el celular, la Tablet o el televisor, que jugando en el parque o compartiendo aquellos juegos de nuestra infancia. Esto se debe a los cambios de la cultura

CÓMO NEGOCIAR CON TUS HIJOS

moderna en donde el estándar promedio donde papá y mamá trabajan de lunes a viernes muy duro para poder pagar los gastos del hogar y la educación de los hijos. Los fines de semana en ocasiones son para mercar, visitar a los familiares y pasar una tarde en el centro comercial se convierte en una rutina que se repite todo el tiempo. ¿Y qué piensan nuestros hijos? Sus motivaciones ahora pasan por ser el mejor Gamer, ser una Youtuber famosa, hacer tiktoks virales. Ven por YouTube a niños famosos y ricos que viajan por todo el mundo comprando todo lo que desean. Y luego de todo esto ¿Qué podemos hacer? En este momento es en donde queremos mostrarte los pasos para poder transformar a tus hijos en los próximos seres exitosos, poderosos y dueños de su futuro.

Aquí empiezan los cuestionamientos. ¿Cuándo ves a tu hijo o hija que notas de su personalidad? Es una personita tímida, extrovertida, divertida, arriesgada, independiente, noble, quizás muchas más. Por eso para que este proceso empiece escribe el nombre de tu Hijo o hija y describe su personalidad.

NOMBRE: _____

PERSONALIDAD: _____

Ahora que ya lo hiciste debes buscar un espacio personal con tu hijo o hija, un lugar donde se sientan relajados y tranquilos, en donde se sientan en total confianza para poder pregúntale ¿Qué es lo que más te gusta hacer en la vida? Habrá muchas respuestas para esta pregunta, unas más cerradas y otras definitivamente más detalladas. Busca la forma de identificar que motiva a tu hijo a hacer las cosas diarias. Puede que al principio quedes con más dudas que certezas y que la respuesta sea ¡No sé! Pero vamos por buen camino. Una parte importante de educar a nuestros hijos es conocer qué tipo de personas son y seguramente encontraras que le gusta y que no. Además de que le hace feliz en su día a día.

Volviendo a nuestra propia historia, Matías ha pasado por varias etapas de motivación; llegó a motivarse por su mascota Frodo, por el baile, la música electrónica, el fútbol, el baloncesto y actualmente los video juegos y la lectura. Esto ha cambiado y lo seguirá haciendo. Pero ahí es donde está nuestro trabajo y como utilizar esto para educarlos en muchos aspectos incluido el financiero. Parece complejo, pero es como armar un cubo Rubik, necesita técnica y paciencia.

3 EL CUBO RUBIK

Enrö Rubik fue un diseñador húngaro que inventó el cubo Rubik para enseñar arquitectura en sus clases. Luego de mucho tiempo se daría cuenta que su invención iba más allá de lo que había pensado y esta se convirtió en un juego de escala global. En 1980 este cubo llegó a los mercados internacionales en donde fue toda una novedad. Fue tanto la fiebre por este cubo que en 1982 se realizó el primer campeonato mundial de Rubik el cual, no fue lo que esperaban y el cubo casi desaparece. No fue sino hasta el 2003 que en Estados Unidos volvió a tomar fuerza y se realizaría el segundo campeonato mundial de Rubik el cual fue todo un éxito. Evento que se ha mantenido vigente y aún con más fuerza hasta la fecha.

Era una tarde de domingo en nuestra casa, donde el plan era buscar una película en NETFLIX, Matías encontró un documental llamado los SpeedCubes que contaba la historia de amistad y competencia entre dos de los mejores jugadores de cubo Rubik de la actualidad. Este programa causó una gran sensación en Matías y empezó a buscar información acerca de este juego. A partir de ese momento y como un buen identificador de motivaciones le hemos comprado su primer cubo Rubik. Cuando inició con el armado todo fue un completo desastre y frustración, debido a que no encontró la forma correcta de armar por completo el cubo. Esta sería una de las primeras experiencias por la que atravesaríamos en el camino de educar a nuestros hijos buscando la motivación como estrategia. Más adelante les contaré la forma en la que pudimos encontrar una solución a este problema y de muchos más.

4 MI PRIMER CONTRATO

Como padres, cuando pensamos en nuestro primer contrato todos apelamos a la memoria y recordamos aquella empresa o negocio que nos abrió la oportunidad de trabajar y ganar nuestro primer sueldo a cambio de nuestro tiempo y esfuerzo, en aquella época quizás todos debíamos tener la mayoría de edad, ya que en la legislación laboral se prohíbe la contratación de menores de edad.

Al igual que en nuestra infancia, actualmente nuestros hijos no han tenido acceso al dinero de manera tan directa, solo hasta que nuestros padres o nosotros mismos iniciamos con las primeras interacciones con el mundo financiero. Generalmente comenzamos con el ahorro de algunas monedas o cirtamente les damos algo de mesada o dinero para que administren en los descansos del colegio y esto se

CÓMO NEGOCIAR CON TUS HIJOS

puede considerar el primer acercamiento de los niños con el dinero y es complejo a esa edad saber el valor de las cosas y el cambio que debo recibir después de hacer una compra, en caso tal que quede un excedente. Cuando nuestros hijos llegan a casa se les pregunta ¿Cómo te fue? ¿Qué compraste? y ¿Te sobró algo de dinero? Y aquí es donde tenemos respuestas como ¡No me sobró nada! o ¡Compré unas galletas y se fue todo el dinero! Este es el momento en donde como padres increpamos a los niños por no saber administrar el dinero y se les juzga por haberlo malgastado. Esto consideraríamos que sería en términos normales el primer contacto o experiencia de nuestros hijos con el dinero y como pasó con Matías después de intentar armar su primer cubo Rubik todo fue un completo desastre y frustración.

Nuevamente estábamos ante la situación en donde Matías no quería seguir armando su cubo y aunque le gustaba mucho, estaba bloqueado mentalmente. ¿Qué hacer entonces? De aquí nace nuestro primer concepto de educación financiera para nuestros hijos, el término **CONTRATO**. En teoría se mantienen las mismas características que componen un contrato un legal.

11

- Las personas que intervienen en el contrato
- El objetivo del contrato
- La contraprestación
- El tiempo de vigencia del contrato
- Firma o aceptación de las partes

Para un niño hablar en términos legales es muy complejo, pero al vender este **contrato** como un negocio entre papás e hijos con una actividad a realizar y un reconocimiento por obtener, esta actividad es más fácil. Es un juego.

Actualmente muchos de nuestros hijos consideran que lograr cualquier cosa que desean está a tan solo un pedir de boca. Recuerdan la frase: Papá, Mamá cómprame ese juguete ¡YO QUIERO ESO! Y sin más reparo o esfuerzo lo consiguen. Ahora bien, esto sin contar todo el tiempo que invierten los niños en celulares, Tablet y demás dispositivos es incontrolable, pueden pasar horas sentados viendo contenido y todo gratis sin esfuerzo. De aquí parte la base de la negociación del contrato.

Es fundamental como lo mencionamos en el capítulo -Busca las motivaciones de nuestros hijos- identificar algo que los mueva, que les guste y que les genere alegría en estos tiempos

CÓMO NEGOCIAR CON TUS HIJOS

de ocio o diversión y lo más importante el **tiempo**, debe ser limitado ya que para nosotros los padres el tiempo es el **activo** más importante en la negociación con nuestros hijos.

Matías tiene habilidades extraordinarias para jugar los video juegos, rapidez, agudeza visual para entender todo lo que sucede en la pantalla llena de colores y objetos moviéndose a toda velocidad, coordinación ojo mano que se necesita para desarrollar esta actividad, entre otros; es por eso que consideramos que esta es una motivación para él. Es importante y como ya lo saben que el tiempo es nuestro ACTIVO más grande para negociar y de acuerdo con esto, él solo puede jugar en tiempos limitados.

¿Entonces cómo solucionar el problema del cubo Rubik? Pues hemos juntado un problema con una motivación y así dimos inicio a nuestro primer contrato algo sencillo y fácil de entender para las dos partes. Estableciendo que papá y mamá solicitamos a Matías armar el cubo Rubik sin ninguna cláusula de tiempo para desarrollar esta actividad y por lo cual, al terminar este objetivo recibiría en contraprestación 8 horas libres para jugar en su consola de video juegos. Claramente en tiempos limitados para el cuidado de su salud visual y emocional. Esto fue el inicio de una nueva forma de negociar con nuestro hijo y no pensamos que la reacción de Matías

13

fuera la que recibimos, ya que fue de total sorpresa y felicidad esto teniendo en cuenta que él nunca había tenido la oportunidad de jugar tanto tiempo con permiso de nosotros.

Le llevó un total de 12 horas aproximadamente en armar su Cubo Rubik, en el trascurso de la actividad analizó, intentó, buscó tutoriales de YouTube, renegó, lanzo el cubo, se frustró, aprendió un patrón de movimiento repetitivo que es la clave para armarlo y al final del día identificó que tenía un error en el patrón, el cual no permitía que el cubo quedara completo en una esquina. Buscamos este error en internet y efectivamente era un problema ocasional de fábrica que se corrige rápidamente. Hoy en día tiene 6 cubos Rubik de todos los estilos: circulares, piramidales, de 4x4, 5x5 y 6x6 y todos los construye ya sin mirar y en tiempos cada vez menores. Esto lo realizó gracias a que cada cubo representaba un nuevo contrato.

Hasta aquí estábamos ante una nueva forma de aprendizaje y más que eso, estábamos enseñando a nuestro hijo educación financiera, estaba manejando conceptos como: *contrato, activos, contraprestación* y lo más importante a pensar y negociar sin tener dinero en sus manos.

Ahora es tu turno de hacer tu primer contrato con tu hijo o hija, aquí te dejo un modelo.

CÓMO NEGOCIAR CON TUS HIJOS

CONTRATO 001

Yo _____ Padre___ o Madre___

de_____ acordamos

que mi hijo (a) realizará la siguiente

actividad_____

_____

_____

_____

_____

Y en contraprestación mi hijo (a) recibirá lo siguiente:

_____

_____

_____

_____   _____

Firma de Padre o Madre   Firma del hijo o Hija

5 ENSEÑA A TU HIJO A PENSAR DIFERENTE

Te has puesto a analizar ¿Qué pensarán nuestros hijos si ven a sus padres discutir por dinero? En ocasiones solemos pensar como padres que nuestros hijos no tienen mayores problemas es sus cabezas y que al viejo dicho que "niños pequeños, problemas pequeños" solo aplica para lo demás y en esto nos pasamos gran parte de nuestro tiempo sin saber que sucede en la mente de nuestros hijos. Ahora; en contraposición a la primera pregunta ¿Que pensarán nuestros hijos cúando ven a sus padres comprarles todo lo que piden sin restricciones? Para el primer caso los niños que ven a sus padres discutir por dinero se llevarán la idea de que el dinero en sí es un problema. Y para el segundo caso, cuando ven a sus padres gastar dinero sin medida, imaginarán que es fácil

CÓMO NEGOCIAR CON TUS HIJOS

de conseguirlo y fácil de gastarlo. En los dos casos se da un concepto errado del dinero.

En este punto no hemos contemplado que nuestros hijos tengan dinero físico, pero si debemos explicarles cómo se consigue y que mentalidad debemos forjar en ello para que NO hagan lo mismo que hace el 95% de la fuerza laboral de mundo: estudiar duro, sacar buenas notas y buscar un buen empleo hasta que te jubiles.

Matías no maneja dinero en efectivo, pero hemos logrado que pueda buscar opciones, cambiar su forma de pensar para conseguir sus objetivos y eso es a lo que apuntamos con este proceso. En una de nuestras tardes de centro comercial, Matías ingresó a una tienda de ropa juvenil y vio con mucho deseo un saco que llamó su atención, este constaba alrededor de 20 dólares y claramente no tenía el dinero, pero quería comprarlo. Es aquí donde entra otro concepto. **identifica una necesidad y cubrela.**

Para las familias que leen este libro no es un secreto que lavar la loza del desayuno, almuerzo y cena es algo desgastante y aunque en casa todos colaboramos con esta actividad, tenemos un cartel con nuestros nombres y cada uno tiene un turno asignado. Evidentemente no deja ser una de las actividades que menos disfrutamos en casa. Cabe aclarar que

Matías ya cuenta con la edad para llevar a cabo esta actividad y aunque la realiza desde hace un par de años atrás, nunca la había utilizado como moneda de cambio, él **identificó una necesidad** (comprar el saco del almacén) **y realizó una oferta para canjear** (lavar loza de nuestros turnos asignados).

Luego de salir de la tienda de ropa pasamos a tomar unas bebidas para refréscanos y descansar un poco y ahí en ese momento Matías comprendió que debía pensar diferente para conseguir lo que estaba buscando. De repente lanzo una oferta. ¡Papá, Mamá que opinan, si lavo la loza por un mes, ¡es decir 30 días y ustedes me compran en saco! Quedamos sorprendidos con la oferta y decidimos entrar a negociar un nuevo contrato. Decidimos que solo serían 25 días y que esto solo se haría una vez por día, que no debía afectar sus actividades escolares y él propuso que solo fuera de lunes a viernes para poder descansar los fines de semana. Así que firmamos un nuevo contrato. Este ejercicio inicial no se trata de quien gana o quien pierde, se trata de pensar diferente y ante todo de ser justos. Es decir que este saco a Matías le costó 0.8 dólares diarios por 25 días.

Cabe aclarar que estas habilidades no se consiguen por si solas y hay que inculcarlas y trabajarlas constantemente hasta que conviertan en un hábito. Seguramente tu hijo o hija de la noche a la mañana no te propondrá un contrato o identificará una necesidad para cubrirla, pero tú como padre o madre si puedes buscar pequeños acuerdos que sean un "gana gana" para ambas partes. Hoy en día, Matías lee un libro de 200 páginas aproximadamente en una semana a cambio de 7 horas de video juegos el fin de semana. Ya lleva más de 20 libros en un año. ¿Quién gana y quién pierde?

Los libros son parte importante de la educación de nuestros hijos por eso es fundamental inculcarles el hábito de la lectura. No solo por el hecho de que están aprovechando su tiempo, sino porque con ello verán cosas diferentes que quizá no aprendan en otras partes. Ahora pregunto ¿Cuántos libros ha leído tu hijo en el último año? Si la respuesta es uno vas por buen camino. Sí por el contrario tu hijo no ha leído ninguno, es el momento de iniciar. Identifica una **motivación** y **negocea** los términos, luego elabora un **contrato**. Primero indaga que temas son de su gusto o interés y luego ve con él o ella a la librería y muéstrale varias opciones. Seguramente elegirá el que más colores y animaciones tiene, pero con esta acción darás un primer paso hacia el cambio de pensamiento que buscamos tener en nuestros hijos.

6 NO EDUQUES A TU HIJO PARA SER UN EMPLEADO

Hoy en día nosotros como padres buscamos que la educación de nuestros hijos sea la mejor, que el colegio que queremos para ellos les enseñe idiomas, artes, música, matemáticas y otras asignaturas para que ellos sean personas exitosas en un futuro. Además, siempre que buscamos un colegio, procuramos que allí se desarrollen y fortalezcan sus vínculos sociales y de relacionamiento con otros niños. Normalmente solemos pensar como padres que entre más costoso es el colegio es mucho mejor su nivel de educación. Y esto quizás es normal si miramos el ejemplo de nuestros padres que procuraron dejarnos en muchos casos la educación como única herencia. A lo cual agradecemos mucho.

Pero ¿En retrospectiva a donde no has llevado este tipo de educación? y ¿Basados en nuestra propia experiencia que podemos concluir? La gran mayoría de nosotros como actuales padres de familia fuimos educados para ser excelentes empleados. Muy pocos han roto el molde y han procurado buscar su propia independencia financiera y lo han logrado. Miremos detalladamente lo anterior. Hoy por hoy recordamos frases de nuestros padres tales como, "Hijo estudia para que consigas un buen trabajo" "Recuerda que la situación está difícil y es mejor tener un trabajito" "Gracias a Dios hay trabajo" "Hay tanta gente sin trabajo y usted renegando del suyo" Y así, hay muchas más. En general estudiamos aproximadamente 12 años en el colegio y 5 años en la universidad para salir a buscar ese primer empleo, que gracias a la poca o nula experiencia laboral y sumada a la juventud y falta de madures se convierten en el complemento perfecto para caer en manos del primer empleador, que adicionalmente solo puede pagar el salario mínimo vigente. Y en teoría así pasan aproximadamente 35 años o más trabajando para buscar una jubilación.

Lo anterior nos plantea la siguiente inquietud ¿Deseamos que nuestros hijos sigan este mismo camino? Muchos lectores podrán pensar que es una buena opción y que es mejor jugar a la segura que arriesgar el futuro de nuestros hijos en algo que no conocemos como lo es su propia independencia financiera. Con esto no queremos sugerir que todos nuestros hijos no deban o puedan buscar un empleo en el futuro. Tampoco estamos dando por descartado que serán el próximo BILL GATES, aunque así lo fuera sería algo maravilloso. Todo está abierto dentro del abanico de oportunidades.

Ahora bien, respecto a nuestros hijos ¿Que consideramos que es lo mejor en cuanto a su educación? Lo primero en términos generales es no culpar al modelo educativo actual, ya que, en sí, busca fortalecer y fomentar el conocimiento en varios campos del saber. Y esto es positivo ya que a la final lo que se quiere es que nuestros hijos tengan la habilidad de manejar información de muchos campos del saber. No obstante; esto no quiere decir que sea lo más recomendado. Es por esto que debemos complementarla con temas que son esenciales para el desarrollo de la inteligencia financiera y el emprendimiento, precisamente para evitar caer en el círculo de ¡estudia mucho, saca buenas notas y encuentra un buen empleo!

¿Entonces qué hacemos los padres para ayudar a nuestros hijos a no caer en este círculo? Lo primero y más importante es educar a nuestros hijos en valores, el respeto, el agradecimiento, la disciplina, la autoestima y los buenos hábitos, son virtudes o cualidades, que corresponden al entorno de aprendizaje en familia y específicamente en el hogar. Es ahí donde nace esa primera acción. De igual forma es preciso aclarar que el amor de padres debe ir atado a una profunda disciplina enfocada en la corrección más NO en castigo, ya que la disciplina es una de las bases del pensamiento emprendedor y la autorrealización personal. En ocasiones como padres solemos ser permisivos con sus acciones y sus conductas así sean equivocadas debido a que son pequeños y todavía no saben lo que hacen. Pero no hay nada más equivocado que considerar que un niño solo aprende cuando esta grande. La tolerancia a la frustración significa ser capaces de afrontar los problemas y las limitaciones que nos encontramos a lo largo de la vida. Y es algo de lo cual carecen muchos de nuestros hijos que se educaron sin saber el significado del NO.

Hagamos de cuenta que tú compras todo lo que tus hijos desean ya que sus tiernas vocecitas dicen ¡Yo quiero esto! Y no le vez mayor inconveniente, pero el problema es que estas educando a tus hijos en la cultura del consumo y del comprar por instinto o emoción. Ahora imagina a tus hijos de adultos con varias tarjetas de crédito y comprando todo lo que ven, ya que en su mente tienen guardada la frase ¡Yo quiero esto! Y lo consiguen por el simple hecho que cuando fueron niños nunca hubo alguna restricción o explicación del porqué no se podía comprar o un NO como respuesta. Así es como nuestros hijos se vuelven esclavos del empleo y de un sueldo que nunca les alcanzará para poder pagar deudas y compras impulsivas.

7 IDEAS DE NEGOCIOS PARA TUS HIJOS

Te preguntarás ¿porque es importante que nuestros hijos tengan un pensamiento creativo enfocado en la autorrealización y el emprendimiento? La respuesta está en la visión que tengamos nosotros los padres hacia ellos. Si visualizamos su futuro dependiendo de un empleo, o por el contrario creando sus propias oportunidades. Ninguna de las dos asegura el éxito financiero, pero la única diferencia es que, con la segunda opción del emprendimiento, si no funciona puede optar por la primera es decir ubicarse en un empleo. Mientras que él que elige la primera como único camino no podrá buscar la segunda porque nunca fue educado para esto.

Cabe la pena resaltar que hasta el momento no hemos mencionado que los niños o jóvenes tengan acceso al dinero real, ya que antes de esto hay que enseñar el valor del dinero no como un poder adquisitivo, sino como el resultado de su trabajo, imaginación y esfuerzo. La importancia de incentivar su creatividad hará que surjan ideas de negocios que, aunque puedan parecer pequeñas son de gran recordación debido a que realizaron todo el proceso ellos mismos. Un ejemplo de esto puede ser preguntar a tu hijo o hija que te gusta hacer, algunos niños responderán que dibujar o realizar alguna manualidad. Esto es el punto partida para generar una idea de negocio. Si bien, los estamos educando en pensamiento creativo enfocado en la autorrealización y el emprendimiento. No debe ser una presión o exigencia para ellos ya que debe nacer como una motivación.

Ahora bien, es importante que nuestro círculo familiar siempre este apoyando y rodeando a nuestros hijos en estas iniciativas para incentivar y desarrollar esta habilidad.

Ejemplos de Ideas de negocios:

- Hacer dibujos o caricaturas de sus familiares y promocionarlos en fiestas y reuniones familiares por algún bajo precio accesible.

- Hacer manillas o pulseras con diferentes materiales y ofrecerlos a la familia o amigos inicialmente. Igualmente, por un valor cómodo de venta

- Realizar actividades con los padres como hacer galletas o sándwich que pueda ofertar en algún evento familiar. Que les permita saber que su esfuerzo es retribuido positivamente por su círculo familiar.

Una vez se entienda que con creatividad, trabajo y dedicación se puede obtener dinero de forma independiente, entenderán a futuro que no hace falta un empleo ya que ellos pueden generar riqueza con sus propias manos.

8 CREA TU PROPIA MONEDA FAMILIAR

De niños, jugábamos con mi hermano a juntar las tapas de aluminio de las sodas y las golpeábamos con una piedra hasta que quedaran planas como una moneda, para luego, ir a una tienda y tratar de comprar algún dulce. Claramente esto era un juego y nunca pudimos comprar nada. Pero esta historia me hace reflexionar en la forma en que las familias podrían crear una propia moneda de cambio, en donde padres e hijos pudieran intercambiarla para buscar confort y felicidad.

Nos han dicho que la felicidad no se compra con dinero y es algo que muchos podrían aceptar y otros por el contrario rechazaran tajantemente. De lo que sí podemos estar seguros, es que la gran mayoría de momentos especiales se viven en familia o con nuestros seres queridos. Es aquí, donde aparece el concepto de **MONEDA FAMILIAR**. Este concepto busca que tanto padres e hijos hablemos el mismo lenguaje y

CÓMO NEGOCIAR CON TUS HIJOS

que podamos negociar o acordar términos y condiciones favorables en una negociación.

Preguntaran los lectores ¿Cómo se puede negociar con nuestros hijos y buscar una retribución que no sea necesariamente económica? De igual forma que se negocia en la economía mundial, se necesita de una moneda que tranzar y unas necesidades que cubrir. Como se había mencionado en un capítulo anterior **EL TIEMPO** es un activo valioso para educar a nuestros hijos. Y es por esto que se pueden crear diferentes formas de compensar a nuestros hijos por sus logros, tareas, obligaciones, entre otros.

Emanuella es nuestra segunda hija, tiene tan solo 5 años, ella, como toda niña es muy cariñosa y consentida. Tiene un gusto especial por el dibujo y por los libros de colorear. Además de sus muñecas y peluches. Ella, al igual que Matías la mueven otras motivaciones, las cuales hemos venido identificándolas con el paso del tiempo. En esta etapa de su niñez, gusta de salir a jugar al parque o ver videos en YouTube Kids. Es por esto, que hemos creado redes de trabajo en donde juntamos diferentes formas de tranzar y cubrir nuestras necesidades familiares.

En la actualidad la gran mayoría de los padres funcionamos en torno a dos ideas principales, nuestras familias y nuestros trabajos o economía, lo que conlleva a que no dispongamos de todo el tiempo necesario y la atención que requieren nuestros hijos. Aquí es donde entra el concepto de **MONEDA FAMILAR**.

Emanuella en sus vacaciones prefiere salir al parque en las mañanas cuando hay sol, pero normalmente mi esposa y yo, estamos ocupados en nuestras obligaciones diarias y no podemos acompañarla diariamente. Es por esto que creamos una red y moneda que se llama **diversión por diversión** y que además de incluirnos incluye a Matías.

Lo anterior funciona de la siguiente manera. Emanuella dispone de su tiempo para ir al parque, pero como ya lo mencioné no podemos acompañarla todos los días, es por esto que Matías mi hijo mayor propuso una moneda llamada **diversión por diversión** que consiste en llevar a Emanuella al parque y jugar con ella una, dos o tres horas según ella deseé. y una vez terminada esta actividad, esta misma cantidad de tiempo invertido, Matías lo cobra en horas para jugar sus video juegos favoritos.

Así mismo, esta moneda **diversión por diversión** podemos utilizarla como padres con ella cuando quiere ir al parque de diversions o a sus actividades favoritas y luego, este tiempo invertido lo podemos redimir como tiempo libre de lectura u otra actívad para nosotros. Como lo mencione es un gana y gana. Así como esta hay muchas más formas creativas de poder negociar con nuestros hijos y cubrir nuestras necesidades familiares.

Tenemos monedas como el **freepass, family coin,** entre otras, de las cuales hablaremos más adelante y les contaremos de las distintas formas en que creamos estas monedas familiares, en donde el nombre es lo de menos, todo depende de nuestra imaginación.

9 EN EL COLEGIO Y LA UNIVERSIDAD NO ENSEÑAN A MANEJAR EL DINERO.

Cuando entramos al colegio o la universidad aprendemos muchas cosas que en teoría nos ayudaran a tener una vida exitosa en términos profesionales y económicos, es por eso que nos esforzamos al máximo por memorizar datos que nos garanticen una excelente calificación y a final de año ser promovidos a un nuevo nivel. Luego, después de 10 a 15 años de estudio, recibir una gran recompensa como lo es nuestro título universitario. Todo lo anterior se asemeja a ingresar a una empresa, en donde al ser nuevos debemos aprender y memorizar un proceso o una función específica, así damos el máximo todos los días para a final de año recibir un aumento salarial, un bono de reconocimiento o un ascenso a un cargo dentro de la compañía. Esto se realizará sin para durante 30 o 40 años y al final recibir una gran recompensa como lo es una jubilación que nos permita vivir una vejez tranquila.

¿Podemos decir que en algún momento de nuestra educación académica nos enseñaron a manejar el dinero para poder salir de este círculo vicioso? La respuesta es NO, la educación financiera no pasa por el colegio o la universidad es una habilidad que se enseña en casa y que se aprende con el ejemplo. Veamos un caso ¿Cuántos de nosotros nos reunimos con nuestros hijos a hablar del dinero, como se consigue y cómo funciona? ¿Hablamos de ahorro o de inversiones con nuestros hijos? Si esto no se está haciendo no se preocupen aún estamos a tiempo de hacerlo. Es entendible que nosotros como padres no conozcamos todo acerca de la educación financiera, pero es un gran momento para empezar a aprender juntos con nuestros hijos.

Alguna vez por casualidad han oído de historias como la de un abuelo o un padre que trabajó toda su vida para construir una empresa o quizás adquirió un terreno o compró un par de casas para heredar a sus hijos. Y luego de morir, sus herederos lo primero que hicieron fue vender todos estos bienes y al cabo de un par de años ya no queda nada de esta herencia. Todo esto sucede por falta de educación financiera que es la que permite saber cómo se administran estas herramientas para gozar de un bienestar financiero a futuro.

Ahora bien, nosotros como padres siempre buscamos la protección y la comodidad de nuestros hijos y es por eso que tratamos de brindarles todo lo que necesitan para que sean felices. Esto esta bien visto por todo padre, pero hasta dónde puede llegar a ser un arma de doble filo. Quizás problablemente también habran escuchado una historia del hijo que siempre tuvo lo que quiso sin un mayor esfuerzo ya que papá y mamá siempre le compraron todo y luego de varios años este niño ya es un adulto y aún sigue viviendo y dependiendo económicamente de sus padres para todo. Hoy en día no tiene mayores expectativas o metas, solo busca que sus padres le sigan manteniendo. Y cuando sus padres le obligan a salir a buscar sus propias cosas y realizar su vida, lo primero que hace es refugiarse en lo más seguro que encuentre que posiblemente será un empleo que le brinde algo de protección como la salud, una mesada mensual y alguien como un jefe que le esté diciendo que debe hacer como lo hacían sus padres.

Finalmente reflexionemos acerca de la importancia que tiene el educarnos y educar a nuestros hijos sobre las finanzas personales y el valor del dinero. Hoy en día la gran mayoría de nosotros fue educada sobre la base del consumo como parte fundamental de la economía, es decir recibe un ingreso y compra lo necesario para vivir, pero si queda un excedente este se invierte en algún gusto o lujo con la mentalizad que lo merecemos y que hemos trabajado duro por ello. Pero alguien nos dijo alguna vez que podríamos ahorrar esos excedentes para invertirlos o ahorrarlos. la base fundamental de la educación financiera es el ahorro y como genero ideas y acciones que hagan que este dinero trabaje para nosotros.

Hoy en día podemos ver diferentes formas de conseguir ingresos de acuerdo a nuestras habilidades y conocimientos. La primera y la más común es tener un empleo el cual nos permite a cambio de tiempo y esfuerzo recibir un dinero en contraprestación, trabajar para alguien quien nos pagará un sueldo de acuerdo a nuestros resultados y capacidades. La segunda es ser un profesional independiente que permite generar ingresos de acuerdo al tiempo y conocimiento, en este caso no se depende de un jefe ya que este es dueño de su tiempo y trabajo, pero mientras el independiente no trabaje no habrá ingresos, ya que depende exclusivamente de su presencia física para generar ingreso. La tercera, es ser un empresario o comerciante el cual a diferencia de los dos primeros no necesariamente debe estar presente para generar ingresos ya que trabaja con un grupo de personas que pueden velar por su ingreso y sus activos. Esto no garantiza que no deba trabajar ya que al igual que el independiente debe estar al frente de la empresa para tomar decisiones. Y la última es ser un inversionista, esta no demanda trabajo ni esfuerzo físico solo se debe tener inteligencia financiera y un capital el cual será invertido inteligentemente para que este trabaje para el inversor y garantice sus ingresos, en este caso ya no se trabajará por dinero, sino que el dinero trabajará para el inversionista con la diferencia que este dinero trabajará 7/24 todos los días del año. Y se mide en que tanta cantidad de ingresos puedo generar sin depender de un empleo.

La excelente noticia para todos es que no importa si eres empleado, profesional independiente, o comerciante a la final todos pueden ser inversionistas y como lo mencioné anteriormente la clave es la educación financiera, el ahorro y el tiempo. Nadie se convierte en millonario de la noche a la mañana a menos que gane una lotería. Cabe aclarar que esto se puede enseñar tanto a los padres como a nuestros hijos por igual y ¿cómo aplica esto para nuestros hijos? Matías tiene actualmente 13 años de edad y nació en año 2008. Si yo como padre hubiera pensado en ese tiempo como inversionista posiblemente le hubiera regalado a mi hijo una sola acción de GOOGLE, que para esa fecha, año 2008 estaba en 8,95 dólares y al paso del tiempo no la hubiera vendido. Hoy en el año 2022 esa acción valdría 139 dólares sin mayor esfuerzo al que me hubiera demando comprar una simple acción en el mercado bursátil. Aquí es donde aplica el concepto de educación financiera. Quizá esta acción podría haber sido el capital semilla de mi hijo para iniciar en el mundo de las inversiones. ¿Y qué se necesita para lograr esto? **educación financiera, ahorro y tiempo.** Más allá de esto todos podemos ser inversionistas sin dar un salto al vacío.

10 QUE BLOQUEOS TENEMOS LOS PADRES QUE NO DEBEMOS PASAR A LOS HIJOS

¿Si tuvieras la oportunidad de volver al pasado, más exactamente a tu niñez que te hubieran gustado que te enseñaran acerca del dinero o la educación financiera? ¿Recuerdas las palabras que te decían tus padres cúando se hablaba de dinero en casa? ¿En alguna ocasión presenciaste a tus padres discutiendo por dinero? ¿Qué te respondían tus padres cúando tú les solicitabas algo de dinero? Tómate un tiempo para responder estas preguntas.

Si tus respuestas fueron que en la gran mayoría de momentos no tuviste ningún problema económico en casa y que tus padres te enseñaron lo suficiente sobre el dinero y que cuando solicitabas dinero siempre estuvo a pedir de boca. Pues en este caso te felicito, eres de los afortunados que han creado un patrón del dinero que te permite verlo de manera positiva.

Ahora bien, si tus repuestas fueron, que en tu casa la gran mayoría de las veces se discutía por dinero, que nunca te hablaron de cómo se manejaba el dinero ni cómo se debía ahorrar o invertir y además que la gran mayoría de veces que pedias algo de dinero te respondían que no lo había, o que tus padres quizás no eras arboles de dinero o fábricas de billetes. Pues haces parte de la gran mayoría que ha crecido con algún tipo de resistencia o bloqueo acerca el dinero.

Luego de lo anterior te has preguntado ¿porque ahora, cúando recibo dinero este sale tan rápido de la cuenta de ahorros? ¿Por qué discuto con mi pareja y mis hijos por dinero? ¿Por qué no tengo nada ahorrado en mis años de trabajo? ¿Por qué si gano un excelente sueldo no me alcanza? Estas respuestas en muchas ocasiones se deben a patrones ya configurados en nuestra memoria y que nos hacen recordar que no hay dinero en casa y que si llego a casa sin el seguramente tendré problemas con mi pareja o hijos. También puede asociarse que cuando tengo dinero ahorrado debo gastarlo rápidamente en gustos y caprichos para nuestra familia y por esto no tengo nada ahorrado.

Evita decir estas frases a tus hijos con relación al dinero. Quizás quieras adicionar alguna.

CÓMO NEGOCIAR CON TUS HIJOS

- No tengo Dinero
- El dinero no compra la felicidad
- El dinero es la raíz de todo mal
- La gente hace lo que sea por dinero
- Yo no soy un árbol de dinero
- Es mejor ser pobre y honesto

Lo importante, es que estos patrones configurados en nuestra memoria se pueden modificar. Si estás dispuesto hacerlo. Y te preguntaras ¿cómo se hace? Primero, identificando y buscando en tu interior cuál o cuáles son esas situaciones que pudieron haberte bloqueado y desde hoy declarar que eso que te afectó, que viste o escuchaste ya no tendrá poder en tu vida. Y que de ahora en adelante serás una persona afortunada que determinará sus propias decisiones en busca del bienestar emocional, espiritual y físico y que el dinero vendrá a tu vida de forma diferente que no llegará para quedarse estancando, sino que fluirá positivamente para tu prosperidad y la de tú familia. Ahora, siendo concientes de estos patrones negativos evitaras trasmitir estos estos bloqueos a tus hijos, Y adicionalmente les darás una visión diferente a la que tu tuviste convirtiendo a tus hijos en personas emocionalmente, espiritualmente y físicamente preparadas para aceptar la riqueza como algo natural.

CÓMO NEGOCIAR CON TUS HIJOS

11 CÓMO EMPEZAR A INVERTIR CON NUESTROS HIJOS.

Si seguramente llegaste hasta aquí y aún tienes miedo como padre o madre de empezar a trabajar por tu independencia financiera y la de tus hijos. Hoy es el día preciso para empezar.

No es un secreto que el miedo es el primer obstáculo en cualquier proyecto, y que la mayoría de veces es por el miedo que los planes y proyectos nunca pasan de tu cabeza a la realidad. Con esto no quiero decir que debes dejar tu empleo o tu negocio para iniciar una nueva vida, como si de pasar una hoja de un libro se tratara. Todo lleva su tiempo, pero el primer paso para empezar algo grande es dar el primer paso.

Y ¿cómo empezar a cambiar nuestra mentalidad financiera y la de nuestros hijos si no tenemos un proyecto o plan

CÓMO NEGOCIAR CON TUS HIJOS

definido? Dentro de la educación financiera existen diversas herramientas que nos permiten iniciar. Una de ellas, si no es la- más importante es el ahorro.

El ahorro tal como ha existido a lo largo del tiempo consiste en guardar una porción de nuestro ingreso, que normalmente se sugiere que sea del 10% del total, es decir si ganas 100 dólares al mes, se recomienda ahorrar 10 dólares. Esto no es una regla general ya que puede ser de menos del 10% a lo máximo que podamos ahorrar sin dejar de pagar los gastos esenciales de nuestro hogar. ¿Y cómo se puede hacer esto? Seguramente lo más lógico será comprar una alcancía, quizás hasta aquí no hemos descubierto nada diferente. Lo importante de este proceso es que lo haremos junto a nuestros hijos desde el comienzo, esto inicialmente es crear un hábito positivo. Para esto nos reuniremos con ellos y les contaremos que desde hoy tendremos un nuevo proyecto familiar, explicaremos que es el ahorro y que podemos conseguir con él. Les explicaremos que el ahorro siempre debe tener una meta final y un plazo o tiempo para ahorrar. Debemos en el mejor de los casos ir con ellos a comprar una alcancía que talvez puedan pintar en familia o hacer creativamente una en casa con materiales reciclados, una botella plástica o una caja de zapatos. Esto los involucrará y los motivará a seguir en el proyecto.

CÓMO NEGOCIAR CON TUS HIJOS

Luego definiremos que tipo de moneda o billete vamos a ahorrar, para que ellos lo identifiquen rápidamente. En este caso es importante involucrarlos en las compras cotidianas del supermercado o tienda más cercana dejando que ellos mismos entreguen el dinero en la caja y así puedan ver de primera mano dos momentos fundamentales, el primero, es como se transa el dinero en la vida real ya sea con dinero en efectivo o con tarjetas de débito o crédito. Y segundo es que identifiquen claramente los billetes y monedas que se manejan a diario. Así ellos serán los primeros motivadores del ahorro. No hay nada más insistente que un niño cuando está motivado por algo. Y para los padres es un incentivo más para seguir ahorrando.

Seguramente algunos padres o hijos pensaran que ahorran en un chanchito y especialmente para los niños más grandes una alcancía no llega a hacer una gran motivación. Con ellos se puede iniciar con el ahorro y bancarización. La gran mayoría de los bancos actuales tienen productos financieros como cuentas de ahorro juveniles o flexibles que permite que los niños y jóvenes puedan entrar al sector financiero ahorrando valores pequeños, pero gozando de los servicios bancarios como lo son tarjetas débito de retiro o talonarios de consignación y uso de cajeros automáticos todo esto sin cobro de comisiones. Se aconseja que siempre se haga en el mismo banco donde los padres tienen su cuenta de ahorro o corriente para que así sea mucho más fácil las transferencias de dinero entre cuentas o solicitudes con la entidad financiera. Es un trámite muy sencillo de realizar y así nuestros hijos se sentirán- más empoderados sobre el ahorro.

Otra de las formas más sencillas, pero más eficientes y seguras es invertir algunos ahorros si se tienen en un CDT que es un certificado de depósito a término, es decir, un título que te genera rentabilidad en un plazo previamente acordado con el banco. Si usted como padre o madre tiene un dinero ahorrado y desea que este gane unos intereses de más puede abrir un CDT en el banco que ofrezca la mejor tasa. Cabe aclarar, que este dinero ahorrado más los intereses generados como ganancias en un CDT no podrán ser reclamado hasta que no pase el plazo acordado con el banco, es por esto que no invierta estos ahorros si son para gastos urgentes.

Finalmente, si usted como padre o madre se considera un poco más arriesgado puede iniciar una pequeña inversión en el mercado de valores o mercado de acciones. Como les comenté en un capitulo anterior una acción que se compra hoy puede valer mucho dinero en el futuro, esto no es una regla general, pero normalmente el mercado de valores puede entregar mayores ganancias que cualquier banco y en menor tiempo. No se pierde nada con investigar e intentar. Hoy en día hay aplicaciones móviles y hasta bancos que cuentan con este servicio.

En conclusión, es mejor uno que cero, es mejor hacer que no hacer. Es por esto que hoy mismo usted puede tomar la decisión de empezar a mejorar su vida financiera y la de sus hijos.

12 ENSEÑA A TU HIJO A VENDER

Desde la propia invención del dinero, las ventas, siempre han sido y serán una gran herramienta para construir riqueza y prosperidad económica. Grandes mentes han desarrollado conceptos y modelos de ventas que han garantizado el éxito en el mundo económico. Hoy por hoy una de las grandes carencias del modelo educativo actual es que no se centra en enseñar destrezas o habilidades que sean prácticas en la vida real.

La gran mayoría de personas millonarias han conseguido su fortuna debido a tres actividades, la Industria, las Inversiones y las ventas. En esta última quiero detenerme. Las ventas son el arte de persuadir, de inspirar y motivar a las personas sobre una visión o un beneficio que obtendrá por un producto o servicio tangible o intangible. Todos nosotros de alguna forma somos vendedores, quizás algunos venderán productos y servicios de acuerdo a su empleo o su forma de trabajo.

Pero como tal todos los días en la vida cotidiana estamos vendiendo nuestras ideas, puntos de vista, e incluso nos vendemos así mismo cuando salimos al mercado laboral y ofrecemos nuestras habilidades y conocimientos.

Es importante aclarar que nosotros como padres podemos incentivar estas habilidades que serán una herramienta poderosa en la formación y futuro de nustros hijos. De esta forma podemos iniciar con pequeños ejercicios para identificar estas habilidades.

Ejercicio 1: pregúntale a tu hijo como vendería uno de sus juguetes favoritos. Es bien sabido que para vender debes conocer todo acerca del producto o servicio que estas ofreciendo. Si tu hijo o hija es capaz de vender las cualidades y bondades de su juguete favorito será capaz de venderse a sí mismo, ya que se conoce y se valora.

Ejercicio 2: Pídele a tu hijo que te de una pequeña descripción de sus mayores cualidades y habilidades. El, tendrá que apelar a su autoestima para sacar lo mejor de sí y manifestarlo. Así, de esta forma, no solo se está valorando, sino que estará ofreciendo la mejor parte de sí mismo a los demás.

CÓMO NEGOCIAR CON TUS HIJOS

Ahora bien, si tu hijo es capaz de realizar estos ejercicios de una manera natural y fluida, tiene un gran potencial para las ventas. Esto no hay que echarlo en saco roto teniendo en cuenta que productos para vender en todo el mundo existen, pero la habilidad innata para las ventas no. Hay millones de personas que pagan miles de dólares por cursos y seminarios para aprender a desarrollar habilidades para las ventas. Un vendedor núnca se quedará sin nada que ofrecer, siempre y cuando tenga la pasión y la motivación para seguir haciéndolo, incluso tendrá la capacidad de vender sus talentos y habilidades a otros.

13 LA MEJOR INVERSIÓN "EL INTERÉS COMPUESTO"

Como mencionaba en un capítulo anterior el tiempo es uno de los mayores activos que tenemos en la vida. Si hacemos un ejercicio y sumáramos las horas consecutivas realizando las siguientes actividades a lo largo de la vidad y teniendo en cuenta que la expectativa de vida de una persona puede llegar a ser 75 años. Llegaríamos a los siguientes resultados. Estaríamos durmiendo aproximadamente 25 años, estudiando pasamos aproximadamente 3 años, trabajando 12 años, en tareas domésticas como comer, bañarse, vestirse, tender la cama, entre otras actividades son 8 años, cuidar a nuestros hijos 2 años, estar frente a una computadora, Tablet, celular o viendo televisión 7 años. En teoría solo tendríamos 18 años libres para realizar las cosas que nos harán felices.

CÓMO NEGOCIAR CON TUS HIJOS

Comentan que Albert Einstein dijo alguna vez: "el interés compuesto es la fuerza más poderosa del Universo" Y ¿cómo podemos utilizar el tiempo a nuestro favor para poder mejorar nuestra libertad financiera? Es importante saber que el ahorro a lo largo del tiempo, sumado al interés compuesto es, si no, la herramienta más poderosa para crear riqueza. Esto lo podemos aclarar con un pequeño ejemplo del interés compuesto. Tu hijo empieza a ahorrar 100 dólares cada mes desde los 20 años de edad y lo hace interrumpidamente por 8 años, es decir que cada año ahorrará 1.200 dólares y ese valor por 8 años serian 9.600 dólares. De ahí en adelante no vuelve a ahorrar. Si pusiera este valor de 9600 dólares a rentar a un interés del 6% efectivo anual por 30 años. Es decir que a los 58 años de edad tu hijo tendría ahorrado un valor de 55.137 dólares. Como se puede ver no se trata de trabajar más duro, se trata de trabajar con más inteligencia financiera. Estos cálculos los puedes realizar en una calculadora matemática financiera de valor futuro.

Ahora que viste lo anterior, ¿piensas que hacerte millonario es cuestión de tener dinero ya o ganar la lotería de la noche a la mañana?, o arriesgar los ahorros de la vida en negocios que prometen hacerte millonario. Este método de ahorro con interés compuesto es probado y funciona perfectamente, lo que sucede es que la mayoría de las personas no lo usa ya que

CÓMO NEGOCIAR CON TUS HIJOS

no tienen la paciencia de esperar varios años para ver la recompensa.

Enseña estos principios básicos a tus hijos y de paso realízalos tú como padre o madre de familia y te garantízo que ellos te agradecerán ya que como lo viste y lo verás, esto no se enseña en los colegios o universidades y cuando lo enseñan ya puede ser tarde para ver los beneficios.

14 CÓMO INVERTIR SIN DINERO

Una de las mayores limitantes que tenemos al momento de iniciar en el mundo de las inversiones es la poca o nula cantidad de dinero ahorrado para invertir. Normalmente es común escuchar a las personas decir "yo quiero invertir, pero no tengo dinero", o encontrarse con búsquedas en los navegadores de internet como Google, las siguientes preguntas ¿Cómo invertir con poco dinero?, ¿Cómo crear un negocio sin dinero? Entre otras más.

Hoy gracias a la tecnología, los negocios digitales han tomado gran relevancia en el panorama mundial. Luego de atravesar una de las mayores dificultades que ha vivido la humanidad en su historia. La pandemia del COVID19. Que nos enseñó, que todo puede cambiar drásticamente en pocos días, la economía, la salud, la familia e incluso nuestra forma de vida tal y como la conocíamos hasta esta fecha. El mundo temeroso de este enemigo invisible se encerró en sus casas como en bunquers de la primera guerra mundial. De allí las personas empezaron a utilizar las herramientas digitales para crear ingresos debido a que millones de empleos presenciales se perdieron al cabo de unos pocos meses. Y es allí, donde normalmente apelamos a nuestro ingenio como especie y tratamos siempre de buscar por instinto sobrevivir al peligro.

Una de las mayores ventajas de los negocios digitales es que necesitas muy poco para iniciar con ellos, solo se necesita de una computadora, un celular o una Tablet, una conexión a Internet y una buena idea para empezar. Aquí es donde entramos a preguntarnos ¿Cómo hago para invertir si no tengo dinero? ¿Cómo mi hijo puede empezar con un negocio en Internet? Y la respuesta puede llegar a ser más simple de lo pensamos. Normalmente una de los grandes concejos a nivel de libertad financiera es **"no compres nada que no puedas revender en el futuro"** y esto debe ser moneda de cambio expresa, como dinero líquido fácil de conseguir e invertir.

En asesorías de inversión se enseña tanto a jóvenes como a padres a realizar un inventario detallado de cosas propias que tuviesen en casa y de las cuales ya no utilizarán. Claramente este ejercicio como todos los que se recomiendan en este libro se deben realizar en acompañamiento de los padres de familia, quienes en primer lugar son los que autorizan y

CÓMO NEGOCIAR CON TUS HIJOS

supervisan estas actividades. Luego de este inventario se encontraba que los jóvenes tenían un listado variado de objetos sin uso, pero de buen valor de reventa y dentro de estos estaban los más comunes.

- Consolas de video juegos de versiones anteriores
- Bicicletas usadas
- CD de video juegos de años anteriores
- Patines o patinetas
- Dispositivos electrónicos. Entre otros más.

Este ejercicio para invertir sin dinero también aplica para padres y madres que deseen iniciar y no dispongan de dinero a la mano. En el inventario de los padres encontramos.

- Televisores o computadoras usadas
- Celulares o Tablet de versiones anteriores
- Electrodomésticos
- Equipo deportivo y elementos de gimnasia
- Ropa o calzado en perfecto estado, entre otros.

Cuando se realiza este inventario y se define que se quiere vender es muy fácil buscar plataformas de venta en línea donde se puedan publicar estos artículos y obtener un buen ingreso por estas ventas. Así que para poder iniciar en el negocio de las inversiones y de la libertad financiera solo se

55

necesita tener las ganas y la inteligencia para poder dar los primeros pasos. ¡No hay más Excusas!

Los negocios de las redes de mercadeo o ventas multinivel también son un buen inicio para buscar fuentes de ingresos sin utilizar un capital especifico o incluso sin tener dinero. Estas redes lo que buscan es que mediante un programa de venta por suscripción que adquieras un producto o incluso, la compañía te entrega el primer pedido para que inicies con ellos. Luego por cada venta ganarás una comisión, adicional a que por cada nuevo vendedor que ingreses tu a la red ganarás una comisión por las ventas que ellos también realicen, a la final obtienes ganancias por tus ventas y por las de tu red de mercadeo.

15 PROPÓSITO DE VIDA

Desde que empezamos a tener uso racional de nuestras ideas y pensamientos, buscamos un propósito superior que vas más allá de tener una riqueza material. De niños imaginamos que somos super héroes que ayudan a las personas y luchan por un mundo mejor, solemos identificarnos con actividades o trabajos que buscan el bien común. Es aquí donde el bombero, el doctor, la maestra, los astronautas, o la veterinaria, entre muchos más, hacen parte de nuestras primeras fuentes de inspiración, todas buscan de alguna forma ayudar al prójimo sin ningún propósito o recompensa más que la de hacer el bien. Hoy en día nos cuestionamos sobre nuestro propósito de vida o incluso podemos llegar a dilucidar que quisieran ser nuestros hijos. Hoy quizás más que nunca el mundo necesitas de personas que tengan un propósito de vida que ayude a más personas en el mundo y

CÓMO NEGOCIAR CON TUS HIJOS

aquí es donde nace el planteamiento de fomentar un proyecto o plan para lograr una vida en armonía con las personas y el planeta. Y nos preguntamos ¿Cómo hacer para nuestros hijos tengan un propósito de vida?

Las claves para crear un propósito de vida están enfocadas en nuestras propias creencias, en nuestras bases o cimientos que solo se forman en los primeros años de vida. Aquí es fundamental educar a nuestros hijos con lo mejor que tenemos para ofrecerles. Es claro que como padres tenemos infinidad de defectos y bloqueos que nos fueron enseñados por nuestros padres, familiares o amigos más cercanos. Pero también somos conscientes de que tenemos al igual una infinidad de cualidades y valores que podemos transmitir de manera positiva a nuestros hijos.

Uno de los principales propósitos que debemos transmitir a nuestros hijos es la **GRATITUD**, una persona que agradece las cosas de la vida, está dispuesto a recibir más de lo que tiene, porque su mente está preparada para recordar cada cosa que ha recibido. Es más, de quien lo recibió. Además, reconoce que las cosas no materiales también son un don que ha recibido y agradece por ello. Es por esto que debemos educarnos y educar a nuestros hijos sobre el propósito de la gratitud que es una de las puertas que conducen al éxito personal, profesional y espiritual.

Otro de los propósitos que debemos desarrollar y/o transmitirlo a nuestros hijos es el propósito de la **MENTALIZADAD POSITIVA** que busca de manera constante reconocer que ante la adversidad siempre hay motivo superior que nos mueve positivamente. Hoy en día vemos niños y jóvenes que ante la menor decepción o fracaso caen en un profundo sentimiento negativo que no permite que vean más opciones para sobreponerse a esta situación. La mentalidad positiva es un propósito que se construye mediante la repetición, todos los días debemos procurar cargar nuestra mente de imágenes, música, mensajes, información, entre otras cosas positivas que carguen la batería de la mentalidad positiva al máximo y gozar de buena disposición en el trascurso del día.

Las palabras son una poderosa herramienta para desarrollar una mentalidad positiva. Todas las frases que digamos a nuestros hijos de manera positiva quedaran registradas, grabadas y guardadas como un disco que sonara en sus cabezas el resto de sus vidas. Por eso procura siempre hablar en positivo cuando este en compañía de ellos.

Otro de los propósitos más importantes es la **PACIENCIA.** Se que algunos pensamos que la paciencia hace parte de nuestra naturaleza y carácter, hay personas pacientes o impacientes por naturaleza es el decir común entre las personas, pero nada más alejado de la realizad. Esta habilidad se puede desarrollar a diario cuando piensas en metas o propósitos a largo plazo. Es común buscar un resultado en corto tiempo y eso lo incentivamos nosotros los padres cuando damos todo a nuestros hijos en el termino de la distancia recuerda las frases "Yo quiero eso ya" "Si no me lo compras ya me pondré muy triste" Esto hace que votemos la paciencia de nuestros hijos por la borda ya que como hemos visto no damos este tiempo prudente para obtener una recompensa. Recuerdan que el **TIEMPO** es el activo más valioso que tenemos, Ahora bien, es importante hablar con nuestros hijos de fechas importantes para ellos, que los emosione y este en un plazo medianemente considerable como lo son sus cumpleaños, navidad o el final del año escolar. Estos escenarios nos permiten primero mantener la motivación constante sobre un objetivo que ellos buscan. Y además trabajas en el desarrollo de la paciencia de tus hijos. Así que trata de buscar esa fiesta de sus sueños, su regalo favorito de navidad o un viaje inolvidable como recompensa por lograr culminar su año escolar. Ellos entenderán que estas cosas importantes para ellos deben esperar un tiempo prudente para conseguirlas. Y no olvides que hay que mantenerse firmes ante los acuerdos establecidos con ellos. Recuerda, Las cosas importantes de la vida, mayormente se consiguen a través del tiempo con constancia y

PACIENCIA.

No menos importante que la paciencia esta la **DISCIPLINA,** que en general enmarca un conjunto de hábitos diarios que desarrollan una mentalidad positiva, y que busca el equilibrio entre las emociones y las acciones o puede hablarse comúnmente de un equilibrio entre el cuerpo y la mente. Buena parte de éxito o del fracaso en una actividad o pensamiento depende del manejo de la disciplina. Ya lo decía Jim Ronhn "La Disciplina es el puente entre las metas y los logros" dicho lo anterior ¿Qué tanto estoy comprometido con mis objetivos?, ¿Estoy preparado mentalmente para afrontar un nuevo desafío? ¿Qué tan preparado estoy físicamente? Por eso, hábitos saludables como el deporte, la meditación, la lectura, la alimentación saludable, el agradecer, la sana diversión, el viajar, el buen descanso, entre otros deben hacer parte de nuestras actividades y de nuestros hijos ya que con el solo hecho de realizarlas diariamente generaran bienestar. Recuerda si cambias tus hábitos cambias tu vida.

De igual manera la disciplina no solo se construye mediante hábitos positivos, también se desarrolla con el refuerzo y corrección de emociones y actitudes negativas. No es un secreto que cada persona y menos nuestros hijos manejan distintas emociones y las exteriorizan de maneras diferentes. Muchas personas creen erróneamente que la disciplina tiene que ver directamente con el castigo, los regaños o limitar ciertos beneficios por un tiempo como herramienta para modificar esa conducta errada. Pero debemos ver estas situaciones como oportunidades para modificarlas positivamente.

Hoy en día, utilizar estrategias de reconocimientos, recompensas, beneficios, entre otras funcionan muy bien, pero deben administrarse cuidadosamente ya que nuestros hijos pueden crear una idea incorrecta de que todo lo que hacen está bien por mínimo que sea y deben ser recompensados. Finalmente, como padres debemos estas atentos a conductas que nos alertan sobre qué tanta diciplina podemos estar formando en nuestros hijos. No permitas lo siguiente y corrige positivamente estas conductas

- Que tus hijos digan mentiras
- Que debas repetir varias veces una misma instrucción
- Omitir o minimizar sus errores o faltas.
- Aceptar que hagan trampa o fraude
- Castigar a tus hijos físicamente
- Aceptar que nuestros hijos cometan Bullying o acoso escolar
- Aceptar las groserías o malas palabras
- Permitir que arrojen basura al piso

CÓMO NEGOCIAR CON TUS HIJOS

- Ser descortés y omitir saludos. Entre otras más

16 SER YOUTUBER NO ES LA SOLUCIÓN. "PERO"

Emanuella se divierte con un celular muy anticuado que no funciona, no tiene internet y al cual solo le sirve la cámara de video. Ella juega constantemente a hacer videos de Youtube. Tiene un guion muy bien estudiado y saluda a sus seguidores imaginarios y graba muchas situaciones graciosas en casa. Esto parece ser un simple juego de niños, algo inofensivo y claramente lo es, pero hay un trasfondo más allá de lo evidente y es aquel, en donde nuestros hijos ven Internet y especialmente a los Youtuber o generadores de contenido un como referente o modelo a seguir, seguramente muchos de nuestros hijos nos habrán manifestado su anhelo de convertirse en uno de ello, buscando fama y reconocimiento o simplemente algo diversión. Hoy en día estudios revelan que la gran mayoría de niños entre 10 a 14 años ya poseen un

CÓMO NEGOCIAR CON TUS HIJOS

teléfono celular propio y esto no es lo más grabe ya que incluso cuentan con planes de internet y pueden ingresar a cualquier sitio web sin ninguna restricción y es evidente y casi irrefutable que nosotros como padres tenemos muy poco control sobre lo que nuestros hijos ven en la web y que tipo de contenido están observando. Lo anterior puede sonar caótico y es una realidad, pero depende en gran medica de nosotros como padres como darle vuelta a esta situación con sencillos pasos.

- Enseña a tus hijos que es el internet y para qué sirve.
- Enséñales que en la Internet encontrará cosas positivas y cosas negativas
- Mantén siempre una comunicación abierta con tus hijos
- No le prohíbas el uso de Internet, mejor acompáñalo
- Establece una normas y reglas claras para el uso de Internet
- Aclara sus dudas

Por último. Si tienes muchas dudas sobre lo qué hace tu hijo en Internet, puedes instalar una aplicación que monitorea las paginas o contenido que ven tus hijos. Claro, esto como último recurso. Recuerda, la confianza que brindemos a nuestros hijos es lo esencial.

Enseñar a nuestros hijos el hábito de aprovechar positivamente todas las herramientas es uno de los aspectos más importantes en la formación y desarrollo de su personalidad, Hoy expertos mundiales en liderazgo hablan de términos como; "zombis ciberneticos" o "adicción a la distracción" en donde explican que utilizamos la mayoría del tiempo productivo y parte de nuestras vidas, apegados a una pantalla que no está aportando un valor real para nuestro crecimiento personal, solo el quitarnos el valioso tiempo que tenemos.

Quizás debemos reconocer que un poco de ocio no vendría mal en un día de trabajo extenuante o talvez, unos cuantos minutos al día pondrían una sonrisa en nuestras caras. Es necesario, incluso recomendable para tener un mejor ánimo en nuestras vidas y la de nuestros hijos. Igualmente, también debemos aceptar que hoy en día hay miles de personas que trabajan arduamente por generar contenido de calidad, jóvenes y adultos que nos enseñan cosas que desconocíamos y hacen que nuestras vidas sean más amenas, Es por esto que el **"Ser Youtuber no es la solución. ¡Pero! haciéndolo correctamente y de manera responsable puede generar un valor positivo a nuestra sociedad"**. Todo lo anterior puede sonar razonable hasta un punto. ¿Pero cuál es ese

CÓMO NEGOCIAR CON TUS HIJOS

punto? Hoy en día se mide la productividad como la capacidad de producir cualquier bien material o inmaterial en un tiempo determinado. Y siendo autocríticos ¿Cuánto de nuestro tiempo productivo como padres, incluso el de nuestros hijos es utilizado en distracciones asociadas a la Internet y sus derivados como redes sociales, video juegos, música y videos online, entre otros? Es casi imposible determinar qué punto es el adecuado para el uso de estas herramientas, incluso algunos hablan de tiempos sugeridos para estas estas actividades, pero lo que importa en este punto es que podamos aprovechar al máximo nuestro tiempo productivo. Pero se preguntará nuestro estimado lector a que me refiero con tiempo productivo.

17 INVENTARIO DE TIEMPO

Desde tiempos inmemorables el ser humano se ha regido por los tiempos del Sol y la Luna. La mayoría de seres humanos realizan sus actividades cuando brotan los primeros rayos de Sol. Y así mismo, la mayoría de las personas duerme cuando llega la noche. Este ciclo infinito del día y la noche continuará incluso si los humanos dejáramos de poblar esta tierra.

Hoy en día la ciencia explica que nuestro cuerpo necesita de la oscuridad o de la luz para segregar hormonas de melatonina que regulan el ciclo del sueño y vigilia. Así las cosas, es normal que percibamos nuestras vidas en dos momentos el día y la noche. Como lo mencione en un capítulo anterior pasamos en promedio 25 años, aproximadamente el 33% de nuestras vidas durmiendo. ¿Y qué pasa con el resto del tiempo?

Normalmente tendemos a creer que un año es muy corto, los días pasan muy rápido y que el tiempo no alcanza para nada y es probable que para la mayoría de personas sea así. Pero ¿Qué pasaría si pudieras aprovechar considerablemente el uso de tu tiempo para alcanzar tus metas personales, familiares y alcanzar el éxito, la prosperidad y el bienestar que deseas?

Aquí es donde entra el concepto de **INVENTARIO DE TIEMPO**, que corresponde a una técnica desarrollada paras optimizar mejor tus actividades diarias y además te permitirá ser más productivo y aprovechar tu tiempo de una mejor manera para distribuirlo entre las cosas que más importan para tí y tú familia.

Sandford Fleming, ingeniero canadiense que diseño un sistema de 24 zonas horarios que permitía dividir el día en 24 horas independiente del lugar del mundo donde se encontrára una persona. Nos ayudó a organizar un poco mejor nuetro día. Así las cosas, podemos decir que pasamos de un mundo de 12 horas a 24 horas. Si bien, el sistema actual nos sugiere actividades básicas como 8 horas laborales y 8 horas de sueño estándar, hay un lapso de tiempo que no hemos inventariado correctamente y es esas 8 horas en donde no trabajamos, ni dormimos debemos identificarlas. Es por esto que tememos tres momentos o espacios de 8 horas en un día de 24 horas diarias.

Entremos en detalle en estos momentos mediante un pequeño ejemplo: Ána es una mujer que trabaja en una compañía de sistemas como analista de software, tiene un horario laboral de 8 de la mañana a 5 de la tarde, además tiene una hija de 10 años que estudia en el colegio y viven con su abuela quien le apoya con el cuidado de su nieta. Ella vive en una zona céntrica de la ciudad, pero un poco distante de su lugar de trabajo. Ána desea mejorar sus tiempos productivos y dedicar más tiempo a las cosas que desea como su familia y su gusto por la pintura. Lamentablemente no cuenta con tiempo ya que su trabajo, su hija y sus obligaciones en el hogar no le permiten realizarse personal, social, ni profesionalmente.

Ana decide buscar información y encuentra el concepto llamado **INVENTARIO DE TIEMPO** el cual le enseñará en mejorar sus tiempos productivos y llevar una vida más equilibrada entre lo que debe y desea hacer. Pero antes de esto debe realizar un inventario detallado de su tiempo a lo largo de una jornada diaria de 24 horas, incluyendo todas las actividades que realiza en un día normal. Ana decide iniciar con el proceso y realiza su propio inventario que se ve más o menos de la siguiente forma.

CÓMO NEGOCIAR CON TUS HIJOS

INVENTARIO DE TIEMPO

HORA	ACTIVIDAD
12:00:00 a. m.	Dormir
1:00:00 a. m.	Dormir
2:00:00 a. m.	Dormir
3:00:00 a. m.	Dormir
4:00:00 a. m.	Dormir
5:00:00 a. m.	Despertar, Bañarse y desayunar
6:00:00 a. m.	Despertar a su hija, bañarla, vestirla, alistar su maleta y lonchera y darle desayuno para luego llevarla a la ruta del colegio
7:00:00 a. m.	Sale rumbo a su trabajo
8:00:00 a. m.	Jornada Laboral
9:00:00 a. m.	Jornada Laboral
10:00:00 a. m.	Jornada Laboral
11:00:00 a. m.	Jornada Laboral
12:00:00 p. m.	Almuerzo
1:00:00 p. m.	Jornada Laboral
2:00:00 p. m.	Jornada Laboral
3:00:00 p. m.	Jornada Laboral
4:00:00 p. m.	Jornada Laboral
5:00:00 p. m.	Jornada Laboral
6:00:00 p. m.	Sale del trabajo rumbo a su casa
7:00:00 p. m.	Llega a casa a revisar las tareas de su hija, cenan
8:00:00 p. m.	Prepára la comida del día siguiente
9:00:00 p. m.	Alista a su hija y a sí misma para dormir, ve un poco de televisión
10:00:00 p. m.	Dormir
11:00:00 p. m.	Dormir
12:00:00 a. m.	Dormir

CÓMO NEGOCIAR CON TUS HIJOS

Antes de continuar es importante entender que, para tener una vida más productiva y feliz, debemos también saber cuánto tiempo estamos invirtiendo en lo que es productivo y cuánto tiempo invertimos en los que realmente nos hace felices. Es común escuchar a la mayoría de las personas quejarse del porque no son felices y de que llevan una vida monótona, estresante, aburrida y de la cual no saben cómo salir. Pero, si desean con todo el corazón ser felices. Aquí es donde viene la primera interrogante ¿Cuánto tiempo de tu día inviertes en cosas que te hacen feliz? La pregunta puede ser perturbadora cuando la contestas con sinceridad, es probable que estes o estemos dentro del 95% o más de la población mundial que invierte gran parte de sus días o mejor dicho de sus vidas en cosas que no les gusta hacer o no les hacen felices. Si te preguntas cual es esa actividad que más te gusta hacer en la vida y ponle el nombre que sea y además cuentas cuantas horas al día haces esta actividad nos daremos cuenta que tan felices podemos llegar a ser.

Ahora bien, continuando con nuestro ejemplo: Ana tiene 3 actividades que apasiona hacer y son las siguientes. Pueden ser más, pero para iniciar con 3 estará bien.

CÓMO NEGOCIAR CON TUS HIJOS

ACTIVIDADES QUE TE DAN FELICIDAD	HORAS QUE DEDICAS A ESTA ACTIVIDAD DIARIAMENTE
Compartir tiempo de calidad con su hija	2 horas por mucho y con afanes y uno que otro regaño.
Pintar en cuadros al Oleo	0 horas
Cocinar comida tradicional de mi País	0 horas solo cocino la básico y más rápido de hacer

De acuerdo con la anterior tabla, Ána solo invierte aproximadamente 2 horas al día a sus actividades favoritas y es especifica al decir que no es tiempo de calidad ¿Y el resto de su día en que lo invierte? Ahora miremos sus horas productivas.

De acuerdo a nuestro ejemplo Ána mencionó que trabaja 8 horas diaria, si tuviéramos en cuenta que el promedio de las personas tiene un trabajo con estas condiciones, otros quizás trabajaran más de 8 horas diarias y otros que trabajaran menos de este tiempo. Es decir que aquí ocupamos una

73

sección de 8 horas ¿Pero que tanto de esas 8 horas laborales son productivas? Ciertamente cada persona puede concluir que su trabajo es más o menos duro y que en ocasiones no le da tiempo de un respiro para descansar. Lo importante de este ejercicio, es entender que ciertamente sí tenemos tiempo para todas nuestras actividades. Pero no lo hemos organizado por nuestro afán desbordado de hacer todo al mismo tiempo. Es como conducir a toda velocidad en la autopista por una urgencia y no tener tiempo para llenar el tanque de combustible que está vacío. Claramente, aunque una situación nos ponga a limite, siempre hay un momento para poder distinguir **lo urgente** de **lo importante. lo urgente,** en este caso es llegar lo antes posible al lugar de la emergencia, pero sí no te detienes un momento a abastecer el automóvil de combustible, que es **lo impartante,** no llegaras a ningún lado.

Siguiendo con nuestro ejercicio, también tenemos un tiempo específico para nuestro sueño. En el ejemplo. Ana duerme aproximadamente 8 horas diarias para recuperar su energía después de una larga jornada laboral y además de velar por el cuidado de su hogar. ¡Y bien merecido que lo tiene! pero qué pasaría si decidiera no dormir las 8 horas sugeridas, sino que durmiera 7 o tal vez 6 horas. Quizás al principio pueda ser un poco molesto levantarse más temprano o acostarse una hora más tarde, las dificultades hacen formar el carácter y la

CÓMO NEGOCIAR CON TUS HIJOS

disciplina. Es por esto que, con tan solo modificar una o dos horas de su rutina habitual de sueño, puede aumentar su tiempo productivo y dedicar más tiempo a realizar sus actividades que le generan felicidad y sentido de plenitud.

Y ahora en donde está este tiempo de 8 horas que no hace parte del tiempo laborar y del tiempo dedicado al sueño. Aquí es importante precisar que muchas veces este tiempo no es que no se utilice, lo que debemos es identificarlos y optimizarlos para que contribuyan a mejorar o bien sea la parte productiva o para invertirlo en potenciar el tiempo dedicado a la felicidad diaria. Aquí un ejemplo. No es solo decir que gasto una hora de mi vida todos los días viajando de mi casa al trabajo y viceversa por X cantidad de años, sino que puedo hacer durante esa hora todos los días. En el caso de Ána, ella decide que mientras viaja de su casa al trabajo en vez de ver videos graciosos o en ocasiones tontos o sin sentido en redes sociales, o escuchar su emisora de radio favorita. Invertirá este tiempo para aprender un tutorial en YouTube que es grátis, con videos explicativos de como pintar cuadros al óleo. Así de esta forma paso de tener una hora que no representaba nada en su inventario de tiempo y la convirtió en una hora productiva que sumará tiempo y conocimientos para su tiempo de felicidad.

Otro ejemplo claro de como optimizar su tiempo no

CÓMO NEGOCIAR CON TUS HIJOS

productivo o no inventariado en tiempo que suma a su

felicidad. Ella menciona que gusta de cocinar comida típica de su país y que no comparte tiempo de calidad con su hija, pero todas las noches cocina algo rápido y sin mucha técnica. Es por esto que decide los miércoles y viernes hacer una cena típica de su país e invita a su hija a que le colaboré y de paso le enseña todas las técnicas y recetas favoritas de la abuela que vive con ellas e incluso pueden invitarla a participar. Adicionalmente su hija propone abrir una cuenta en redes sociales o YouTube en donde podrán enseñar a muchas personas a cocinar comida típica de su país. Si empezamos a ver de esta forma, las oportunidades son infinitas para aprovechar nuestros tiempos. De igual manera, recordemos que las herramientas tecnológicas también nos permites aprovechar lo mejor de ellas como enseñar algo a los demás.

Finalmente, Ána decide ajustar su inventario de horas de tal forma que ganó unas horas de calidad y que aportan a la felicidad no solo de ella sino de su familia. Aquí déjo algunas de las acciones que realizó.

- Decidió dormir una hora menos los martes, miércoles y jueves en la mañana y levantarse a hacer un poco de ejercicio antes de que se levante su hija.

CÓMO NEGOCIAR CON TUS HIJOS

- Decidió bañarse con su hija los lunes y miércoles para disfrutar un baño de espumas, cantar en la ducha y cuidar juntas de su cabello.

- Decidido tomar de su almuerzo los días viernes en solo 20 minutos para poder ir a comprar sus oleos, pinceles y lienzos para pintar

- Decidió los jueves y viernes dormir una hora más tarde para poder dedicar tiempo a pintar sus cuadros óleo, mientras su hija y mamá duermen.

- Decidió en el recorrido de su trabajo a su casa, activar y fortalecer sus viejas amistades con las cuales no compartía lo suficiente por estar en una rutina toxica, poco productiva y que sumaba horas de infelicidad.

ahora es turno de que realices tu propio **inventario de tiempo** y de **actividades que de dan felicidad.**

CÓMO NEGOCIAR CON TUS HIJOS

INVENTARIO DE TIEMPO

HORA	ACTIVIDAD
12:00:00 a. m.	
1:00:00 a. m.	
2:00:00 a. m.	
3:00:00 a. m.	
4:00:00 a. m.	
5:00:00 a. m.	
6:00:00 a. m.	
7:00:00 a. m.	
8:00:00 a. m.	
9:00:00 a. m.	
10:00:00 a. m.	
11:00:00 a. m.	
12:00:00 p. m.	
1:00:00 p. m.	
2:00:00 p. m.	
3:00:00 p. m.	
4:00:00 p. m.	
5:00:00 p. m.	
6:00:00 p. m.	
7:00:00 p. m.	
8:00:00 p. m.	
9:00:00 p. m.	
10:00:00 p. m.	
11:00:00 p. m.	
12:00:00 a. m.	

ACTIVIDADES QUE TE DAN FELICIDAD

ACTIVIDADES QUE TE DAN FELICIDAD	HORAS QUE DEDICAS A ESTA ACTIVIDAD DIARIAMENTE

Hemos decidido darte más de tres espacios en la tabla y deseamos de corazón que puedas completar todos los espacios de esta tabla con actividades que te llenen de alegría y felicidad tu vida. Al principio puede llegar a ser algo difícil de completar, pero recuerda que debemos buscar nuestro

CÓMO NEGOCIAR CON TUS HIJOS

propósito superio al igual que nuestros hijos deben buscar el suyo. Recuerda que esta tabla la puedes realizar también con tus hijos o si lo deseas ello podrían llenar la suya propia.

18 DEDICA TIEMPO DE CALIDAD A TUS HIJOS

¿Qué pasará por la cabeza de nuestros hijos cúando les repetimos constantemente que no tenemos tiempo para jugar o disfrutar un momento con ellos, que estamos ocupados trabajando o en una reunión? Yo, le hice esta pregunta a Emanuella. Ella responde firmemente que no le gusta que le diga eso y que esto la aburre. Cada uno de nosotros tiene en su memoria, recuerdos de esas actividades, viajes o experiencias inolvidables y que vivimos junto a nuestros padres en nuestra niñez y que determinan en gran parte nuestro concepto hacia ellos.

De acuerdo al capítulo anterior, ¿Cuánto de nuestro inventario de tiempo está dedicado exclusivamente a nuestros hijos? Seguramente la mayoría de padres responderán que no es suficiente el tiempo y que desearían compartir mucho más con ellos. Al igual que yo, y luego de meditar sobre el tiempo de calidad para nuestros hijos considero que en primer lugar debe formarse un hábito el cual se construya a diario con disciplina y constancia. Como el hábito de trabajar o el dormir a cierta hora. Ciertamente no es fácil definir qué tipo de actividades son las más apropiadas para compartir con nuestros hijos, pero se pueden definir algunos aspectos para poder iniciar.

Lo primero y más importante, es hablar con tus hijos sobre los temas de su interés. Además, que ellos también puedan conocer nuestros gustos o actividades favoritas como padres. Así, será mucho más fácil poder definir actividades en común para realizar. Importante hacer una lista de estas actividades ya que allí podemos tener variedad de actividades a utilizar y definir días y actividades específicas, como por ejemplo lunes de películas o miércoles de juegos de mesa, etc. Hoy en día y debido a la super exposición que tienen nuestros hijos a la tecnología es poco probable y cada vez más común que nuestros hijos no salgan tan a menudo de casa y esto genera más problemas de sedentarismo tanto a padres como a nuestros hijos.

Actualmente y aunque parezca asombroso no le damos el valor que se merece a nuestro astro rey el SOL, y posiblemente dirás que rayos significa esto. Y tendrías mucha

CÓMO NEGOCIAR CON TUS HIJOS

razón al pensar que el Sol es algo que esta todos los días unas veces más brillante o otras veces más opaco, pero siempre es el mismo. Hace poco fuimos al pediatra con Matías y Emanuella y aunque todo está muy bien, la doctora evidencio en los análisis la disminución de vitamina D en su cuerpo, la vitamina del sol, y esto se debe a que cada vez más nosotros y nuestros hijos estamos en lugares que no están expuestos a los rayos del sol, como colegios, nuestras casas, salas de cine, centros comerciales y poco tiempo dedicamos a la tarea especifica de recibir directamente los rayos de sol. Claramente con las recomendaciones adecuadas como los expertos lo aconsejan.

Hoy en día la exposición al sol esta a la baja, y por consecuencia la cantidad de tiempo a los cuales estamos expuestos, por eso recomendamos buscar espacios específicos al aire libre en donde podamos compartir con nuestros hijos e inclusive familiares. Siempre recomendable llevar la protección adecuada. Así las cosas, tareas como ir al parque más cercano, caminar un poco con nuestros hijos en un día soleado para realizar las compras, dejar un día el carro o el transporte publico y caminar distancias prudentes para los niños y así estimular primero el tiempo fuera de casa, segundo una mayor exposición a los rayos solares y tercero alejar por este lapso de tiempo a los niños y adultos del uso de la tecnología.

El tiempo de calidad con nuestros hijos debe implicar en la mayoría de veces dos componentes, el primero, volver a tener mentalidad de niños, esto implica cambiar el rol de padre por un momento y permitir que la emoción y la diversión sean el factor predominante del momento y el segundo, dedicar un tiempo específico, comprometido con la actividad y 100% y apartado de cualquier distracción que permita que el momento de calidad se rompa. Es importante saber que este tiempo de calidad no necesariamente debe ser un tiempo extenso, bastas con algunos minutos al día o la semana, para sumar experiencias positivas para nuestros hijos.

Las actividades más sencillas y comunes son las que más valoran nuestros hijos, ver una película, jugar un juego de mesa o incluso dormir una noche con ellos, tienen más valor que muchas actividades costosas y que demandan demasiada logística para realizarlas.

Enseña a tus hijos el valor de apreciar los pequeños detalles, aprovechas las mañanas para observar el amanecer y admirar los primeros rayos de sol, Es en este tiempo cuando más paz y tranquilidad hay en casa o la ciudad, no hay ruidos de televisores, trafico, ni el bullicio de las calles. Busca un lugar abierto donde poder disfrutar de los primeros rayos de Sol

CÓMO NEGOCIAR CON TUS HIJOS

junto a tus hijos y así, estarás llenando la biblioteca de recuerdos de tus hijos.

19 DESINTOXICACIÓN DIGITAL

¿Cuánto tiempo de tu día dedicas como padre a usar dispositivos electrónicos como celulares, computadores, televisores, tablets entre otros? Y ahora bien ¿Sabes cúanto tiempo dedican tus hijos a usar estos mismos aparatos tecnológicos? Es probable que en algún momento te hayas encontrado con una de estas escenas en donde toda la familia esta sentada a la mesa a la hora del almuerzo o quizás en la cena y todos los miembros de la familia están consumidos con la mirada abajo viendo sus dispositivos móviles y en donde no se escucha una sola palabra en el ambiente. Esto es más común de lo que pensamos, y tendemos a creer que es algo normal, inclusive como padres damos a nuestros hijos dispositivos móviles en la mesa para que estén tranquilos y no generen molestias o interrumpan una conversación de adultos. Solemos creer que estamos haciendo bien, pero lo que no sabemos, es que estamos generando mayor apego o adicción a la tecnología ya que cada que lo hacemos estamos dando una dosis de dopamina u hormona de la felicidad y que cada vez se necesitará más de estos estímulos para sentirse mejor o más feliz. ¿Qué pasa si de repente quitas a tu hijo su dispositivo móvil o lo alejas de la pantalla de televisor? Seguramente se pondrá de mal humor, irritado o de mal genio. Y esto sucede ya que cortas el suministro de dopamina que le genera esto. Es por esto que los expertos hablan de concepto de DESINTOXICACIÓN DIGITAL cuyo concepto trata inicialmente de disminuir el uso de dispositivos electrónicos o preferiblemente lo eliminan por periodos de tiempo específicos. Este método lo que permite es una desconexión de las distracciones del mundo tecnológico o digital y permite reconectarse con la realidad y las personas cercanas. Teniendo en cuenta lo anterior es importante establecer espacios y tiempos determinados para la desintoxicación digital en el hogar.

Pero ¿cómo saber si tu como padre o nuestros hijos necesitamos una **desintoxicación digital**? Lo primero que hay que precisar es que no hay un indicador que nos permita mediar que tanto tiempo estamos conectados. Pero lo que si podemos saber es que hay ciertas conductas que pueden darnos luces de que tanto podemos necesitar alejarnos un poco de la tecnología.

- Revisar el celular después de despertar y antes de dormir

- Sensación de preocupación o infelicidad si no se consulta el celular constantemente

- Consultar continuamente las redes sociales (más de 20 veces diarias)

- Aislamiento o muestras de querer no compartir con otras personas

- Utilizar el celular o dispositivos hasta altas horas de la noche o incluso de la madrugada.

- Romper los ciclos de sueño por la necesidad o urgencia de consultar el celular.

- Dejar de realizar actividades básicas como comer, dormir, cuidado personal, entre otras. Por la preferencia a estar conectado.

- Entre otras más

Cabe aclarar que no necesariamente se debe llegar a estas conductas límite para determinar o no la necesidad de buscar un tipo de desconexión a nuestros dispositivos. Es por esto que debemos autorregular de manera periódica las buenas practicas digitales y la de nuestros hijos. Aquí algunas recomendaciones.

- Establece un tiempo diario de desconexión total de nuestros dispositivos tecnológicos, iniciante pueden ser tiempos cortos que a medida del tiempo se pueden ir ampliando, hasta llegar a desconexiones en lo posible de un día.

- Crear reglas de uso de los disipativos en casa, limitando claramente espacios y tiempos determinados, como por ejemplo no usar celulares a la hora de tomar los alimentos.

- Utilizar las herramientas como silenciar el celular, la opción de molestar o modo avión en las noches o en momentos importantes que requieran toda tu atención.

- No dormir con celulares o dispositivos en la habitación, déjalos cargando el otro lugar diferente a la habitación.

- Evitar dar dispositivos electrónicos a los niños a temprana edad.

- Desactivar las notificaciones de las aplicaciones que generen mayor gasto de atención.

Recuerda que los dos mejores termómetros para saber si necesitas una desintoxicación digital es tu conciencia. Si consideras y eres consciente que pasas mucho tiempo conectado a dispositivos, es una buena señal y a otra es que tú

CÓMO NEGOCIAR CON TUS HIJOS

familia o seres queridos te manifiestan constantemente que pasas demasiado tiempo en frente de tu celular o herramientas tecnológicas.

20 ADOLESCENCIA

Una de las etapas de mayor cambio no solo para nuestros hijos, sino también para nosotros como padres es la adolescencia. Nadie nos dice que hacer o cómo actuar frente estos cambios, ni mucho menos que piensan nuestros hijos cuando atraviesan este ciclo de la vida. Lo que debemos entender como padres es que existen diversas razones por las cuales hay una explosión de emisiones y cambios físicos.

Lo primero que debemos entender es que la adolescencia es una etapa de pérdida o de duelo. Sí, como lo leen, de DUELO. Es un momento en donde nuestros hijos sufren tres grandes pérdidas. La primera es la pérdida de su cuerpo infantil, con el cual, se sentían a gusto y muy cómodos ya que lo dominaban sin ningún inconveniente. La segunda la pérdida del Rol y la identidad infantil y aquí es donde ya no se actúa más como un niño pequeño habituado a la dependencia de sus padres y por el contrario se busca una independencia, pero aún no se define sobre que desea hacer o proyectar. Y la tercera es la pérdida o duelo por lo que consideraba sus padres de infancia, quienes lo mimaban, alzaban y consentían sin ninguna limitación, incluida la física ya que como es evidente es diferente alzar en brazos a un niño o niña de 4 años a un adolescente de 14 años, y ahora ven que sus padres ya no tienen el mismo comportamiento. Además de que los adolescentes también buscan alejarse un poco de esos padres cariñosos y mimadores de la infancia.

Otra de las características de la adolescencia es la constante contrariedad de sus acciones y emociones. Es normal en esta etapa que los adolescentes busquen momentos de soledad y no desean que nadie los moleste. Es por esto que cierran las puertas de sus habitaciones habitualmente, pero luego, cuando hay alguna discusión reclaman que nadie los escucha y que se sientes solos. De igual manera podemos ver estas contrariedades cuando solicitan una autonomía en sus acciones, es decir, por ejemplo: quieren ir a cine o a fiestas solos con sus amigos, pero muestran su dependencia hacia sus padres pidiendo que los lleven al cine o la fiesta y adicionalmente solicitan que les den dinero para los boletos. Es por esto que no debemos estigmatizar estos comportamientos y actitudes, ya que como se mencionó, aún ellos están en proceso de duelo o pérdida de identidad y de creación de una nueva. Aquí es importante entender como padres que la distancia es necesaria para que ellos puedan encontrarse a si mismos. Esto no quiere decir que no estemos atentos a la distancia para acudir a ellos en caso de necesitar nuestro apoyo o compañía.

Como padres es importante saber que esta etapa de adolescencia puede ser compleja para todos. Las discusiones son más comunes entre padres e hijos. Ya que los adolescentes buscarán confrontar a menudo a sus padres con el ánimo de no parecer a ellos y con esto no se quiere decir que seamos un mal ejemplo o algo similar, solo que ven en nosotros una figura de autoridad. Aquí es importante aclarar que los adolescentes no están en contra de la autoridad, con lo que no están de acuerdo es con el autoritarismo. Recuerda que las discusiones son necesarias para nosotros como padres y ellos como adolescentes y esto es porque con estas discusiones podemos descargar emociones, que a su vez estas generarán distanciamiento, pero siempre debemos propender por recuperar estos espacios rápida y empáticamente.

Permitir que nuestros hijos tengan nuevas experiencias es un poco aterrador para algunos padres, pero es algo necesario ya que con ellas construirán buena parte de su personalidad y como se relacionará en su adolescencia. Importante resaltar que siempre como padres debemos estar ahí para aconsejar y apoyar sus decisiones ya que es en esta parte de sus vidas donde experimentarán emociones, sentimientos y vivencias como el amor y la sexualidad. Un buen consejo como padres, escucharlos, orientarlos, compartir nuestras experiencias en estos caminos ya recorridos puede ser un camino a seguir debido a que no hay que dejar a un lado los riesgos y límites que deben entender nuestros hijos.

Apoyar a nuestros hijos en la adolescencia es un tema que debemos tomarnos en serio y la razón, es que simplemente estan buscando y creando su propia identidad, la música que escuchan, la ropa o la moda que deciden lucir, sus amistades. Recordemos que en esta etapa en los adolescentes existe lo que se denomina cuerpo social y es con el cual los adolescentes se identifican más comúnmente en su entorno social más cercano, es por esto que es fácil encontrar que nuestros hijos vistan de forma similar a sus compañeros de colegio o busquen tener los mismos cortes de cabello o peinados, gusten de la misma música, entre otros gustos o tendencias.

Otro aspecto importante es esta etapa es la búsqueda y escogencia de sus amistades o circulo más cercanos esto debido a que al estar en proceso de formación de su nueva identidad, será mucho más influenciable o fácil de persuadir sí

CÓMO NEGOCIAR CON TUS HIJOS

no tiene un carácter más o menos definido y así poder decidir que es lo más adecuado en sus decisiones. Es importante mantener una constante relación con nuestros hijos para identificar si su escogencia de amistadas es buena o mala influencia de acuerdo a sus comportamientos y actitudes. De igual forma es evidente que muchos adolescentes manejan diferentes comportamientos según sea el circulo social en el que estén. Es por esto que es común ver adolescentes que en casa tienen un comportamiento tranquilo, callando o incluso introvertido, pero en su circulo social son totalmente diferentes llegando a ser extravertidos, ruidosos e incluso más eufóricos.

Tendemos a suponer que la adolescencia es una sola etapa de principio a fin y por ende será igual en todos los momentos, pero es importante aclarar que la adolescencia tiene tres etapas claramente definidas. La primera es la Preadolescencia en donde podemos identificar como un rasgo social la identificación y vinculo de este primer amigo. La segunda y propiamente llamada adolescencia en donde su rasgo social más evidente es la búsqueda de identificación y pertenecía a grupos de amigos en común. Por último, está la adolescencia tardía cuyo rasgo social más común es la afinidad o gusto por una pareja sentimental.

Los adolescentes de por sí son idealistas, frescos,

innovadores, irreverentes, entre otras características y esto en teoría no deberían perderlo ya que de acuerdo a como se formen en esta etapa evolucionaran a en adultos. Ahora bien, como padres es casi una obligación controlar y sancionar las malas conductas que se puedan presentar por parte de nuestros hijos adolescentes, ya que no hacerse, se perderá el sentido de la norma y la regla y esto a futuro en la adultes se convierte en un serio problema de adaptación. Recuerda que el futuro de un adolescente se marca por la presencia o la ausencia de sus padres, de igual manera por las palabras dichas o el silencio de sus padres. Por esto te invitamos a que generes una relación más cercana a tu hijo o hija adolescente, busques abrirte un espacio importante en esta etapa y recuerda que lo último que se puede perder con nuestros hijos es la comunicación.

21 RESULTADOS

En este viaje de experiencias e información que esperamos sea una fuente poderosa de conocimiento aplicado para ver el poder de la educación enfocada en la libertad de sus emisiones y mentalidad poderosa de nuestros hijos. Como lo mencione anteriormente nada de estas técnicas o conceptos es aplicable si nosotros como padres y madres de familia no entendemos que antes que nada debe primar el amor, el respeto, los valores familiares, el dialogo abierto y franco. Dediquemos más tiempo a nuestros hijos dándoles la mejor versión de nosotros que será en gran medida lo que nuestros hijos recordaran de nosotros como padres. Es por esto que hoy quiero compartirles una pequeña reflexión y los resultados que hemos obtenido con nuestros hijos.

Hace pocos días hemos firmado un **contrato** con Matías en donde utilizamos una de nuestras monedas de cambio llamada el **FREEPASS** o pase libre que consiste, en poder realizar todo lo que le gusta por un día completo. Incluidas actividades y su comida favorita. El contrato correspondía en realizar un escrito de tema libre no menor a cinco páginas y este es el resultado.

"La Vida según un niño

Hola, mi nombre es Matías y soy hijo, hermano, nieto y sobrino de una familia muy grande, tengo 13 años y ya voy a cumplir 14. Con el paso de los tiempos, he aprendido mucho de mis familiares con relatos de sus experiencias en la vida cotidiana, y esto me ha dado conocimiento para poder entender el mundo hoy en día según mis palabras, este es un libro (si se podría decir) de como yo veo, analizo y creo que son las cosas más relevantes del mundo, según yo, un niño preadolescente.

DINERO:

Para mí la palabra dinero es el significado de PODER, el dinero es aquel que te da relevancia en la sociedad, con el puedes comprar, ahorrar, endeudarte, prestar, entre otros millones de cosas. Pero para un niño de 13 años que todavía no trabaja o no sabe cómo se maneja la economía actualmente, pienso que el dinero no debería de existir y se preguntaran ¿porque?, básicamente no debería de existir por el mero hecho de su significado, como lo dije desde un principio, el dinero es PODER y el poder se puede manejar de unas maneras tan buenas, que podrían ayudar a más de mil millones de personas de la población mundial, pero

CÓMO NEGOCIAR CON TUS HIJOS

lastimosamente el humano siempre ha querido competir desde sus principios y ser el mejor en el habitad, por eso es que el poder siempre se ha utilizado para el bien propio, la avaricia, la codicia, el rencor, la violencia, la desigualdad, y es por eso que la humanidad no ha podido progresar en el pensamiento de igualdad hacia el prójimo y destruye el mundo solo para aliviar su avaricia y además beneficiarse de tales actos, para cambiar esto, primero hay que cambiar el pensamiento de todos los humanos, pero eso es imposible y duraría miles de años realizarlo, ya que nuestra naturaleza es así y aprendimos que el más fuerte es el depredador y el más débil es la presa. Pero terminado con mi conclusión, pienso que el dinero es una de las principales bases para crear una sociedad rica o pobre, según el conocimiento que esta le dé a su población, como el estudio del dinero desde los colegios, orientación gratuita al buen manejo del dinero a aquellas personas que se les dificulta, como ser una persona rica en beneficios y no solo quedarse con ese conocimiento si no esparcirlo en las diferentes generaciones que quedan, así solucionando las diferentes problemáticas más comunes ya en diferentes continentes y poder vivir en paz y armonía. Solo depende de nosotros.

SALUD:

La salud creo que es lo más primordial para tener una vida larga y plena para disfrutar todos sus aspectos, y es increíble que la medicina ha evolucionado mucho, tanto que tenemos maquinas que nos ayudan a estabilizar nuestra salud, o nuevas curas o medicamentos para enfermedades que no se podían tratar en el pasado y creo que es uno de los mayores avances más benéficos para la humanidad, pero creo que hay un problema en si referente a la salud, el costo internacional de la salud, y al decir esto me refiero a que actualmente la salud esta valorizada a un alto costo, lo que restringe a la mayoría de personas con muy bajos recursos no pueden disfrutar estos beneficios al máximo y seria para mí un acto de desigualdad, lo digo porque creo que si el costo de la medicina fuera lo más irrelevante todo el mundo podría gozar una vida larga y plena por igual sin diferencias de condiciones. Creería que la salud debería de ser gratis, pero ¿Qué sería del trabajo de todos los enfermeros y enfermeras, médicos, doctores y doctoras si no se les paga?, por eso pienso que la salud no debería ser tan cara y al menos que se valorizara un poco más barata, además el Estado y el Gobierno son los encargados de manejar nuestro país, entonces en ellos deberían asumir gran parte del gasto de la salud para todos, además el Gobierno tiene varias fuentes de ingreso y nos podría ayudar a todos sobre esto, un seguro médico o de vida son una de las soluciones más utilizadas por las personas, pero creo que como también es una ventaja contiene desventaja, ya que gastas mensualmente pagando un seguro y después de varios años cuando estés en una edad mayor y tu salud está plenamente bien, has perdido todo tu dinero en un seguro que nunca utilizaste. Por esto creo que, si la salud no estuviera tan valorizada con precios muy altos, el nivel de mortalidad en el mundo cambiaría por completo, créanme.

EDUCACIÓN:

Yo estoy en esta etapa de mi vida, realizando mis estudios como un chico

CÓMO NEGOCIAR CON TUS HIJOS

normal de 8vo, realizando mis labores como estudiante y cumpliendo con las normas de mi colegio, pero he notado que el estudio tiene desventajas y problemáticas que podrían afectar a muchísimas personas, como que el colegio en sí no te prepara para la vida, solo son prácticas para cuando seas mayor y sigas estudiando más, más, más y más y en si no te dice como es la vida, no te explica tampoco sobre la economía, porque muchos colegios están más centrados en explicar las mismas materias de siempre como matemáticas, historia, ciencias, etc... , y no se les da clases a los niños sobre el buen uso del dinero, para que así desde niños puedan saber que es el dinero en realidad y no tener que esperar a que seamos grandes y no saber nada sobre economía o emprendimiento, además sucede lo mismo de la salud, la educación está también súper valorada y no muchos niños o jóvenes pueden estudiar bien en su vida por los extremos precios que hay que pagar por una institución y el colegio o las universidades no te prometen dinero o un trabajo fijo, eso depende de ti. Por eso creo que la educación es un curso de vida, no es para que cuando seas grande intentes conseguir empleo y quedarte en un trabajo otros 30 años, si no que el verdadero propósito de la educación es ayudarte a capacitar tu mente y aprender a recibir información de manera rápida y sencilla para tu propio bien. En mi conclusión tendré que pasar todo mi bachiller y la universidad para comprobar que tan acertado o equivocado estoy. Por el momento me uno a todos los jóvenes que estamos creando el futuro del país.

TRABAJO:

Bueno, lo siguiente de la universidad, la búsqueda de empleo y empezar a producir una labor al país. Yo por mi parte creo que esta es una de las partes donde las personas adultas sufren más, por sus trabajos y sé que los empleos son muy fundamentales en el mundo ya que todas las personas pueden ejercer un apoyo o beneficio hacia sus familias y su país o hasta el mundo, pero sé que la mayoría de las personas no lo disfrutan y he estudiado, analizado y confirmado que las personas trabajan más que el vivir diariamente, hay personas en el mundo que no han visto a sus padres desde que partieron de la graduación de sus universidades, porque andan muy ocupados en el mundo trabajador que no tienen tiempo ni de ver también a su familia e hijos, además otro peso de esto es que trabajan tanto, para recibir un mínimo porciento de dinero que tienen que invertir en su casa, carro, comida, familia y salud, lo que les obliga a trabajar hasta el resto de sus vidas y es algo cruel de ver pero ya se está volviendo más cotidiano y no se le está prestando tanta importancia, entonces creo que lo que dije sobre la educación hace efecto en esta etapa, porque muchas personas tuvieron su primer trabajo y su primer paga, pero la segunda no supieron cómo utilizarla, como ahorrarla, como gastarla por esto es que surgen problemas como la pobreza porque no se les dio la información adecuada desde los colegios o universidades sobre la economía y el saber del dinero. En mi resumen el trabajo debe manejarse bien, tener en cuenta de que puedes tener familia y debes saber cuál es el tiempo para trabajar y para compartir, también se precisó con el material ya que, si trabajas mucho, ganas poco y compras mucho estas en muchos problemas, saber manejar bien tus horarios, como tu vida cotidiana.

REPRODUCCIÓN:

Este tema me llamó la atención por las consecuencias que estamos teniendo en la actualidad, que son más negativas que positivas, el tema de la reproducción en de las personas es uno de los hablados por todo el mundo, como mediante un gameto femenino y otro masculino, puede nacer un embrión que posiblemente sea uno de los próximos doctores, bomberos, policías, maestros, entre otros trabajos más. Pero la humanidad realmente se estará dando cuenta de que la población es demasiado grande para más personas y que la tierra ya está en un punto de no retorno, en una bandera roja, porque al paso del tiempo los humanos siempre hemos sabido como menospreciar todo a nuestro alrededor, no vemos el cambio climático, las nuevas virosis que se están creando, la infinidad de guerras que faltaran por terminar, el cambio climático. Los humanos debemos aprender que entre más población se requieren más elementos y hoy en día estos están empezando a escasear por todo el planeta, tenemos que ser conscientes de que si, tu puedes tener hijos criarlos y ver como se vuelven maduros y llegan a ser adultos, pero ten en cuenta que el mundo no está para tantas personas y exactamente para evitar estos riesgos se puede llegar a las clases de educación sexual que son gratuitas para todo el mundo y ejercen los mismos conocimientos a todos los estudiantes. Por ejemplo, para evitar la sobrepoblación hay métodos anticonceptivos para no tener hijos y operaciones para que sea permanente el método que decidiste utilizar. Para dar mi palabra final sobre este tema es que tú tienes la decisión, no la tomes tan apurada tomate tu tiempo y con calma veras que camino escogerás tú.

Estos dos últimos temas te los que voy a explicar voy a ser un poco más filosofo (si se puede decir) en el sentido de la palabra

VIDA:

La vida es algo muy preciado que los seres humanos hemos analizado muy bien y bien se sabe que es lo que realizamos en nuestro periodo de vida; Tener padres, ir a la escuela, jugar con tus compañeros, ir a la universidad, graduarte, tener pareja, tener una casa, entre millones de cosas que puedes hacer en días, meses, años o hasta siglos, pero la pregunta que algunas veces pasa por mi cabeza es: ¿Si estoy aprovechando los días de vida que tengo hasta el día de mi MUERTE?, y es muy sencillo de responder, depende de mí, de mí persona, yo soy aquella persona que vivo mis días al límite, si quiero jugar algo, si quiero salir con mis amigos, si quiero ver una película con mis padres, depende de mis decisiones, por eso dicen que la vida es una y que hay que saber cómo aprovecharla al máximo. Solamente tú eres el que te impones llegar a tus metas o logros, tú decides que persona quieres ser en esta vida porque relativamente la vida es la definición de tiempo,

CÓMO NEGOCIAR CON TUS HIJOS

tiempo desde tu nacimiento hasta tu muerte, por eso intenta ser una mejor persona en esta vida y quizás puedas disfrutarla al menos un poquito.

MUERTE:

Creo que una de las preguntas que no me deja dormir algunas veces es: ¿Qué sucederá cúando yo muera?, y creo que yo no soy el único que ha pensado más de una vez en esto, para mi caso yo he creído un millón de teorías sobre esto, hasta he logrado crear mis propias teorías, pero lo que si me parce es que la muerte es lo más natural que puede pasar es como el nacer, das tu primer respiro y al final de tu vida das tu último suspiro y para mí la vida es un bucle mueres revives y vuelves a nacer, pero tampoco estoy seguro y algunas veces digo que cuando muera voy a estar en el cielo con mis seres queridos y con dios. Pero lo que si se y todos saben es que no se puede verificar que hay en ese final del túnel, al contrario de la muerte, la vida si tiene una explicación de dónde venimos, pero de la muerte la única explicación es la médica, no se sabe nada de qué pasa al morir y creo que es una de las preguntas más relativas del mundo (igualmente también la de la vida) para pensar y sacar nuestro lado pensativo, igualmente no hay que preocuparse por morir ya que eso es lo último, eso es un futuro tu estas en un presente disfrútalo, has cambios y veras que tu futuro va a ir cambiando según tú."

22 ESCUCHA A TUS HIJOS PARA QUE ELLOS TE ESCUCHEN A TI

Recientemente leí un libro el cual habíamos regalado a Matías y él, luego de terminarlo nos lo ha entregado para también leerlo. Imagino que cuando lees lo mismo que tus hijos hay cierta conexión de emociones. Y precisamente eso es lo que pasa cuando abrimos como padres la posibilidad a nuestros hijos de hablar y compartir temas que, aunque parezcan complejos o de un grado de madurez mayor, ellos tienen la capacidad de entenderlos e incluso genera un cierto punto de vista muy particular. Como padres solemos pensar que nuestros problemas son tan grandes que nadie puede solucionarlos o que nadie tiene un concejo o una frase de apoyo ante estas dificultades, pero he notado que los problemas de los adultos no son tan diferentes a los de nuestros hijos. Es probable que nuestros problemas sean más enfocados al dinero, a los problemas laborales o incluso familiares. Por el contrario, nuestros hijos no tendrán los mismos problemas financieros, pero si se ven afectados notablemente por la adaptación a su entorno, las relaciones sociales, o incluso su rendimiento académico. Pero al final son problemas que afectan la vida cotidiana.

Hemos decidido comentar ciertos problemas con nuestros hijos y encontramos con cierto asombro que se han construido puentes de comunicación que antes no eran tan claros. Es decir, antes podríamos pensar que comunicarnos con nuestros hijos se limitaba a preguntar cómo te fue en colegio, como están tus amigos, entre otras cosas. Y son estas mismas preguntas que a lo largo del tiempo se vuelven repetitivas, un guion ya establecido. Pero cuando hay diferentes temas de conversación y entre ellos también hay problemas, ellos empezaran a preguntar más a menudo que ha pasado y si algo ha cambiado. Así, también esto nos permite a nosotros los padres tejer un lazo de confianza con nuestros hijos para que ellos puedan contar sus problemas con más confianza y reciprocidad.

ACERCA DEL AUTOR

César Augusto Núñez nacido en Bogotá en 1982, de padres Tolimenses y orgulloso de su tierra. Comunicador Social y Periodista de profesión con estudios es Relaciones Públicas. Esposo y Padre de tres hijos y una de ellas nos cuida desde el cielo. Ciclista de corazón y músico empírico por pasión. Escritor aficionado. Recientemente ganador de la convocatoria para escritore del mes de agosto 2022, bajo la temática de salud mental de la editorial ITA.

Si deseas dejar tus comentarios a cerca del libro puedes escribir al correo cesarbox9@hotmail.com

www.ingramcontent.com/pod-product-compliance
Lightning Source LLC
Chambersburg PA
CBHW070236220526
45465CB00004B/1439